JN314875

男女共同参画社会と市民

藤原 千賀

武蔵野大学出版会

はじめに

　「男女共同参画」という言葉が公に使われ始めてから20年くらいがたつ。1987年に発表された「新国内行動計画—男女共同参加型社会の形成を目指す—」の改訂版が1991年に出され、それまでの「男女共同参加型社会」に代わって登場したのが「男女共同参画型社会」である。1999年に制定された「男女共同参画社会基本法」で法律名に取り入れられ、一般になじみ深い言葉になっていった。
　本書は、大学に職を得てから「女性学概論」という科目名で始めた授業を、その後、「男女共生論」「男女共同参画社会と市民」と科目名を変更して続けてきた授業をまとめたものである。科目名が変更された背景には、社会が女性政策や女性運動に向けるまなざしの変化がある。かつては女性問題は女性特有の課題と考えられていたが、それは男女の関係性のあり方の課題であり、女性問題は男性問題でもあるとの認識に変移していった。また、「男女平等」という言葉は「男女共同」に置き換えられていった。そうした点を配慮しつつ、社会における女性と男性の位置付けや男女それぞれに割りふられてきた役割は男女共同参画という視点でみると、現代日本社会ではどのようであることが望ましいのか、市民としてはどのように行動していったらいいのか検討した。
　日本では「男女共同参画社会基本法」をはじめ、以前に比べて法律・制度面の整備が進んできている。とはいえ、女性も男性も仕事と生活の調和（ワーク・ライフ・バランス＝WLB）という面で、まだまだ生きにくさを抱えている。OECD（経済協力開発機構）が発表した「よりよい暮らし指標（ベター・ライフ・インデックス）」2012年版によれば[1]、日本は「安全」「教育」は最高水準であるが、「ワーク・ライフ・バランス」は34位と低い。調査を踏まえて、OECDは日本に対して、日本の長期的な成長を促進する上でも男女格差の是正や男性によるファミリー・フレンドリーな制度の利用を進めるように職場文化を変えることが不可欠であると提言している（OECD、2012年）。男女一人ひとりが生き生きと暮らしていくためには、社会のシステムはどうあるべきなのだろうか。現在手に

入る政府発行の統計資料を参考に、市民は何ができるのか考えていきたい。

　初めに、第1章で男女共同参画社会基本法を中心に、男女共同参画社会とはどのような社会であるか説明し、次に、公的分野である教育（第2章）、労働（第3章、4章、5章）、政治（第6章）における男女共同参画を扱う。第7章からは私的分野である個人・家庭生活と法律や制度との関わりに焦点を当て、リプロダクティブ・ヘルス／ライツ（第7章）、家族法（第8章）、家庭内暴力の防止（第9章）、家庭生活における男女共同参画（第10章）について書いた。

　なお、下記の各章については、すでに発表したものと一部重なっているところがあるが、データを更新し、あわせて大幅に加筆したことをお断りしておく。

第3章 「日本の働く女たちの現状」「パートタイムで働く女性たち」武蔵野大学通信教育部テキスト『女性と労働』第2章、第3章、2003年、所収

第4章 「男女雇用機会均等法を使いこなそう」武蔵野大学通信教育部テキスト『女性と労働』第4章、2003年、所収

第5章 「就労分野における男女共同参画」武蔵野大学通信教育部人間学研究論集編集委員会編『人間学研究論集』第1号、2012年、所収

　2012年5月

　　　　　　　　　　　　　　　　　　　　　　　　　藤原 千賀

注
1) OECDは国民生活の豊かさを表す指標として、加盟34か国にロシアとブラジルを加えた36か国を対象に、「収入」「健康」「環境」「生活の満足度」「市民参加」など11の評価項目に基づくベター・ライフ・インデックスを算出した。日本は2012年、36か国中21位だった（OECD、2012年）。

参考文献
OECD『日本再生のための政策　OECDの提言』2012年

目　次

はじめに　i

第 1 章　男女共同参画社会とはどのような社会なのか……………1
1. 「男女平等」から「男女共同」へ、「参加」から「参画」へ　1
2. 男女共同参画社会基本法　3
3. 法律のできた背景　8
   1) ウーマン・リブ（Women's Liberation Movement）
   2) 国連の国際女性年と世界女性会議
4. 日本の男女共同参画政策　10
   1) 世界女性会議後の日本政府の対応
   2) 男女共同参画基本計画
5. 地方自治体の男女共同参画政策　13
   1) 自治体の女性政策決定の主体
   2) 政策決定過程と市民
   3) 市民にとっての今後の課題

第 2 章　教育・学習分野の男女共同参画……………………………23
1. 制度の平等と進学・専攻分野　23
   1) 高等教育への進学率
   2) 専攻分野の違い
2. 家庭でのしつけ・教育　26
   1) 女の子は女の子らしく、男の子は男の子らしく
   2) 親が子どもに受けさせたい教育程度
   3) 子どもからみた親の養育態度の男女差
3. 学校での男女共同参画　29
   1) 女性教員の比率

2）教室の中の男女共同参画
　　　3）男女混合名簿と男女平等教育
　　4. なぜ、教育・学習の男女共同参画が必要か　35

第3章　就労分野の男女共同参画 ……………………………… 39
　1. 日本の働く男女の状況　39
　　　1）労働力人口
　　　2）完全失業者
　　　3）雇用されて働く男女の増加
　2. 就労分野における男女の違い　44
　　　1）男女の賃金格差
　　　2）女性労働はM字型労働
　　　3）非正規雇用の増加
　　　4）パート労働の問題点
　3. 就労における男女共同参画の課題　52

第4章　男女雇用機会均等法とその効果 ……………………… 55
　1. 男女雇用機会均等法成立の経緯　55
　2. 男女雇用機会均等法の改正　57
　　　1）男女雇用機会均等法の改正（1999年施行）
　　　2）男女雇用機会均等法の再改正（2007年施行）
　　　3）労働基準法の改定
　3. 男女雇用機会均等法実施状況　63
　　　1）募集・採用
　　　2）コース別雇用管理制度
　　　3）女性管理職
　4. 男女雇用機会均等法の問題点と効果　69

第5章　職種の男女相互乗り入れ……………………………………71

1. 男性職への女性の進出　72
    1）女性に対する採用制限の撤廃
    2）男性の職場への女性進出
    3）垂直的職務分離の構造
    4）男性職への女性の参入がもたらす影響
2. 女性職へ進出する男性たち　75
    1）看護職への男性の参入
    2）男性の保育職への参入
    3）女性職への男性の参入がもたらす影響
3. 男女双方の職域への相互乗り入れ　82
    1）男性職への女性の参入と女性職への男性の参入がもたらす変化
    2）男性職域、女性職域への相互乗り入れの今後

第6章　政治の男女共同参画……………………………………89

1. 政治参加　89
    1）参政権の獲得
    2）投票率
2. 政策決定過程への参画　92
    1）国会議員
    2）地方議会議員
    3）閣僚と首長
3. 世界の女性との比較　99
    1）ジェンダー・ギャップ指数
    2）諸外国の女性国会議員
4. 男女平等な政治参画のためには何が有効か　103
5. 男女平等な政治参画はなぜ必要か　105

第7章　人口問題とリプロダクティブ・ヘルス／ライツ............107
　1．世界人口会議　108
　　1）人口問題と世界人口会議
　　2）リプロダクティブ・ヘルス／ライツと日本
　2．子どもを産むか産まないかの選択　111
　　1）産む選択
　　2）産まない選択
　3．子どもを産めない場合　116
　　1）不妊治療
　　2）代理母
　4．リプロダクティブ・ヘルス／ライツは達成されたのか　120

第8章　男女共同参画時代の家族法（民法）............123
　1．民法改正の動き　124
　2．婚姻制度などに関する民法改正要綱案の概要　125
　　1）婚姻最低年齢
　　2）再婚禁止期間
　　3）夫婦別姓
　　4）離婚
　　5）相続
　3．今後の家族法　134

第9章　家庭内暴力の防止............137
　1．女性に対する暴力への注目　138
　2．ドメスティック・バイオレンスへの対応　139
　3．ドメスティック・バイオレンスの実態　140
　　1）配偶者間犯罪の被害者
　　2）男女間における暴力調査

3）ドメスティック・バイオレンス加害者の男性
　　　4）保護命令の申し立て
　4. デートDV　148
　5. ドメスティック・バイオレンスの暴力の特徴　150
　　　1）ドメスティック・バイオレンスのサイクル
　　　2）なぜ逃げられないのか
　6. ドメスティック・バイオレンスの背景と暴力防止のために必要なこと　151
　　　1）DVはなぜ起こるのか
　　　2）DV防止のためには何が必要か

第10章　家庭生活における男女共同参画　155

　1. 男性の家事への関わり方　156
　　　1）男性と炊事、洗濯、掃除などの家事について
　　　2）男性と子どもの世話、子どものしつけや教育
　　　3）男性と親の介護
　2. 家庭生活上の役割分担の実態　158
　　　1）家事の分担
　　　2）子どもの世話の分担
　　　3）親の介護の分担
　　　4）生活時間調査にみる男性の家事時間
　3. 育児休業制度、介護休業制度と男性　164
　　　1）育児休業制度
　　　2）育児休業制度の実施状況
　　　3）介護休業制度
　　　4）介護休業取得状況
　4. ワーク・ライフ・バランス　171
　　　1）ワーク・ライフ・バランスとは
　　　2）なぜ、ワーク・ライフ・バランスが必要か
　　　3）男女共同参画とワーク・ライフ・バランス

あとがき　177
参考資料　179
　　　　　男女共同参画社会基本法
　　　　　雇用の分野における男女の均等な機会及び待遇の確保等に関する法律
　　　　　配偶者からの暴力の防止及び被害者の保護に関する法律
索引　　　203

第1章
男女共同参画社会とは
どのような社会なのか

　男女共同参画社会とはどのような社会を指すのだろうか。この言葉が意味することは何か。男女共同参画社会を実現するためには、社会のシステムをどのように変えていけばいいのか。私たちはそのために何ができるのか。

　男女共同参画社会について、男女共同参画社会基本法は「男女共同参画社会の実現を21世紀の我が国社会を決定する最重要課題と位置付け」（前文）ており、「男女が、社会の対等な構成員として、自らの意思によって社会のあらゆる分野における活動に参画する機会が確保され、もって男女が均等に政治的、経済的、社会的及び文化的利益を享受することができ、かつ、共に責任を担うべき社会」（2条）と定義している。

1.「男女平等」から「男女共同」へ、「参加」から「参画」へ

　そもそも日本で公的に「男女共同」という言葉が使われるようになったのはいつからであろうか。1977（昭和52）年に策定された日本初の「国内行動計画」では「男女平等を基本とするあらゆる分野への婦人の参加の促進」（傍点は筆者による。以下同様）が五つの目標のうちの一つとしてあげられている。1987（昭和62）年に策定された「新国内行動計画」では、「男女共同参加型社会の形成を目指す」を総合目標としてあげ、「男女平等」に代わって「男女共同」という言葉が使われるようになった（総理府、1992年）。

国の行動計画でも初めは「男女平等」だったのである。それが「男女共同」という言葉に置き換えられるようになったのはなぜだろうか。「男女平等」という言葉は、男女がフィフティ・フィフティに関わるという意味合いが強い。それに対し、「男女共同」という言葉は、男性あるいは女性がそれぞれ少しでも関わっていれば共同といえる。それ故、女性の関わり方を「共同」という言葉で片づけてしまうと、女性の社会進出はなかなか進まないのではないだろうか。しかしながら、「平等」という言葉は戦後まもなくから、これまでいろいろと使われてきている。それに伴うマイナスイメージがあり、新しい言葉が必要とされた。もうひとつ納得できる説明に、「なぜ平等が嫌われるのか。平等概念には『機会の平等』の他に、企業の裁量権に制限を加えかねない『結果の平等』があるからだ」（鹿嶋、2003 年、23 頁）という言説がある。そこで、登場したのが「男女共同」という言葉である。「男女共同」という言葉は、女性の社会進出をあまり好ましく思っていない層に対しても、男女半々ということではなく、アリバイとして女性を 1 人くらいおいておくということで説得できるということだったのではないだろうか。

　一方、「参画」という言葉については、1991（平成 3）年の「新国内行動計画」第 1 次改定で、「男女共同参画型社会の形成を目指す」として「参画」という言葉が文書に登場している。第 2 次世界大戦終了以前の日本においては、「集会及び政社法」（1890 年公布）「治安警察法」（1900 年公布）などの法律によって、女性が集会に参加することや政治団体に参加することが著しく制限されていた。戦後はそれらの法律を廃止するとともに、民主的な社会の形成のためには女性の地位向上、女性の社会参加が欠かせないとして、「あらゆる分野への女性の参加の促進」が、政策の重点目標として掲げられた。その結果、職場や地域活動、集会、市民運動などへの女性の参加は大きく進展した。しかし、参加者数として女性は多くても、リーダーとしての役割や政策立案および方針決定場面への女性の参加は未だに少なく、政策・方針決定過程への主体的な関わりを重視して、「参画」という言葉が登場したのである。また、「参画には、受動ではなく能動（Active）の意味が込められている」（鹿嶋、2003 年、22 頁）という。「男女共同参画」という言葉は新国内行動計画第 1 次改定で使われるよ

うになってから、行政機関の名称や法律名などに使われるようになった（総理府、1992年）。

　男女共同参画基本計画答申の策定に関わった鹿嶋敬は「戦後日本の女性運動の到達点が、男女共同参画社会の形成だと、私は思っている。（中略）男女共同参画はようやく手中にした男女平等達成の手段なのだ」（鹿嶋、2003年、iii頁）といっている。果たしてそうなのだろうか。確かに、「男女平等参画」というより「男女共同参画」という方が、保守的な男性層からは抵抗が少なく、男女平等へ一歩近づいているといっていいのかもしれない。おかげで「男女共同参画社会基本法」のような社会や家庭における男女のあり方を見直す法律も制定されたといえよう。

2. 男女共同参画社会基本法

　「男女共同参画社会基本法」（The Basic Law for a Gender Equal Society）は1999（平成11）年6月、国会において全会一致で可決され、公布・施行された。その前文で、「男女が、互いにその人権を尊重しつつ責任も分かち合い、性別にかかわりなく、その個性と能力を十分に発揮することができる男女共同参画社会」と謳い、さらに、第1章の冒頭で述べたように、2条には男女共同参画社会の定義があげられている。

　続いて法律の基本理念として、以下のように3条から7条で五つの理念をあげている。

①「男女の人権の尊重」（3条）は、「男女共同参画社会の形成は、男女の個人としての尊厳が重んぜられること、男女が性別による差別的取り扱いを受けないこと、男女が個人として能力を発揮する機会が確保されることその他の男女の人権が尊重されることを旨として、行われなければならない」と規定している。
　この条文は、男女の人権侵害を禁止している。つまり、セクシュアル・ハ

ラスメントやドメスティック・バイオレンスなどの被害者にならないようにすることである。そして、性差別を禁止し、男女が個人としての能力を発揮する機会を確保することである。

②「社会における制度又は慣行についての配慮」(4条) は、「男女共同参画社会の形成に当たっては、社会における制度又は慣行が、性別による固定的な役割分担等を反映して、男女の社会における活動の選択に対して中立でない影響を及ぼすことにより、男女共同参画社会の形成を阻害する要因となるおそれがあることにかんがみ、社会における制度又は慣行が男女の社会における活動の選択に対して及ぼす影響をできる限り中立なものとするように配慮されなければならない」としている。

　社会における税制や社会保障、年金などの制度や慣行が男女に中立になっているかを検討する。たとえば、年金制度について、サラリーマンの配偶者である国民年金第3号被保険者は年金を支払わずに、高齢になってから年金の支給を受けられる。それは、一見サラリーマンの配偶者となった専業主婦に有利と考えられる。しかし、そのような年金制度は女性にフルタイムの労働に就かず、家事・育児に専念することを暗に勧めているといってもよい。慣行についても、法律上は結婚したら夫婦どちらかの姓を名乗ることになっている。夫と妻どちらの姓を名乗ってもかまわず、法制度上は中立にみえる。しかし、現状では結婚した夫婦の大部分が夫の姓を名乗っている。それは、戦前の旧民法では、結婚した夫婦は夫の姓を名乗ることになっており、夫が妻の姓を名乗ると婿養子になったと受け取られる。その結果、女性が姓を変える場合が多く、仕事を続ける者にとってさまざまな不利益をもたらしている (この問題は第8章で扱う)。

③「政策等の立案及び決定への共同参画」(5条) は、「男女共同参画社会の形成は、男女が、社会の対等な構成員として、国若しくは地方公共団体における政策又は民間の団体における方針の立案及び決定に共同して参画する機会が確保されることを旨として、行われなければならない」と規定している。

　政策・方針決定過程への女性の参画については1977 (昭和52) 年に策定された国内行動計画でも重点目標とされている。しかし、未だに女性の参画

は少ない。日本の行動計画では積極的改善措置として、2020（平成32）年までに方針決定の場への女性の参画を30％とすることを目標としている。目安として、国の審議会への女性比率を30％にするという数値目標を掲げることで男女共同参画局は他の省庁に積極的に働きかけやすくなり、2009（平成21）年時点で、審議会の女性比率は33.2％になっている。目標値を提示し、それを目安に担当部局が働きかければ、効果があることを示す一例である。

④「家庭生活における活動と他の活動の両立」（6条）は、「男女共同参画社会の形成は、家族を構成する男女が、相互の協力と社会の支援の下に、子の養育、家族の介護その他の家庭生活における活動について家族の一員としての役割を円滑に果たし、かつ、当該活動以外の活動を行うことができるようにすることを旨として、行われなければならない」としている。

現状では、「男は仕事、女は家庭」という性による役割分担が残っている。そうした状況に変更を迫り、男性も家庭生活と仕事や地域活動に積極的に参画し、「仕事と生活の調和（ワーク・ライフ・バランス）」を考えていくことが女性にとってだけでなく男性にとっても人間らしい生活であることを示したものである。

⑤「国際的協調」（7条）は、「男女共同参画社会の形成の促進が国際社会における取組と密接な関係を有していることにかんがみ、男女共同参画社会の形成は、国際的協調の下に行われなければならない」となっている。

そもそも日本の場合、男女平等は1975（昭和50）年の国連の「国際女性年」をはじめとした国際的要請の下で進められたといってもよい。国際的協調なしには現在のように男女共同参画を進めるという状況にはならなかったのではないだろうか。その意味でも国際的な協調は重要である（鹿嶋、2003年）。

男女共同参画社会基本法は、基本理念に続いて、国の責務、地方公共団体の責務、国民の責務を定め、具体的施策に関しては13条で、「政府は、男女共同参画社会の形成の促進に関する施策の総合的かつ計画的な推進を図るため、

男女共同参画社会の形成の促進に関する基本的な計画を定めなければならない」と規定している。それに従って、国は 2000（平成 12）年 12 月に第 1 次「男女共同参画基本計画」を定め、2005（平成 17）年 12 月に第 2 次、2010（平成 22）年 12 月に第 3 次の計画を定めて男女共同参画社会の形成促進に努めている。

　また、地方自治体に対しては、14 条で「都道府県は、男女共同参画基本計画を勘案して、当該都道府県の区域における男女共同参画社会の形成の促進に関する施策についての基本的な計画を定めなければならない」と、基本計画の策定を義務づけている。市町村に対しては、14 条の 3 で「市町村は、男女共同参画基本計画及び都道府県男女共同参画計画を勘案して、当該市町村の区域における男女共同参画社会の形成の促進に関する施策についての基本的な計画を定めるように努めなければならない」と、基本計画の策定に関して努力規定を設けている。

　しかし、地方自治体の法的規定に当たる男女共同参画条例については基本計画と異なり、法律に何ら規定はない。そのため、男女共同参画条例を策定する際に、議会や保守層などに反対され、難航した自治体も少なくない。千葉県では議会に反対されて、未だに条例が定められていない。国や自治体の政策を進めるにあたって、法律があること、そして法律の条文に規定されていることが、いかに重要であるかを示す例といえよう。その点からも、男女平等を進めるために、男女共同参画社会基本法を守り、積極的に活用していかなければならない。

　とはいえ、埼玉県や東京都では、男女共同参画社会基本法が制定された直後から条例策定の準備が進められ、それぞれ 2000（平成 12）年から施行されている。2011（平成 23）年 4 月時点で、47 都道府県のうち、条例のないところは先に述べた千葉県だけである。市区町村に関しては条例のあるところが、内閣府男女共同参画局による「推進状況（平成 23 年度）」の調査対象となった 1,732 自治体のうち 496 とまだ少なく、28.6％にとどまっている（内閣府）。地域によっては議会の圧力で、男女共同参画に逆行するような条例も定められている[1]。

苦情処理については、17条で「国は、政府が実施する男女共同参画社会の形成の促進に関する施策又は男女共同参画社会の形成に影響を及ぼすと認められる施策についての苦情の処理のために必要な措置及び性別による差別的取扱いその他の男女共同参画社会の形成を阻害する要因によって人権が侵害された場合における被害者の救済を図るために必要な措置を講じなければならない」と定めており、地方公共団体では埼玉県のように、苦情処理機関を設けているところもある。

　政策などの立案および決定への男女共同参画に関連して、25条3で「（前略）男女のいずれか一方の議員の数は、同号に規定する議員の総数の十分の四未満であってはならない」と規定し、審議会の委員の性比について片方の性が4割を下回らないように定めている。

　以上の通り、「男尊女卑」の考え方が未だに強い日本において、男女平等について定める画期的な法律ができたのである。しかも、国会では全会一致だったのである。この法律の名称については、女性たちの中では「男女平等法」にして欲しいとの意見が強かった。この法律を英訳すると、"Gender Equal Society" と、「男女平等社会」となるのである。しかし、先に述べたように「平等」という言葉は戦後まもなくから使われており、「もう男女平等は達成されたのではないか」とか、「平等という手あかの付いた言葉ではない、もっと新しい言葉がよい」などという意見が保守的な男性層の中では強かった。この法律に対し、国会で賛成多数を得るためには「男女共同参画社会」が望ましいということになったのである。

　ただし、法律を制定しただけでは現実は変わらない。法律は一度制定されると、簡単には廃止できないので社会の望ましいあり方について基本法を制定することは重要である。その上、法律は使い方次第で、男女平等達成の武器になりうる。現在制定されている法律を活用するのは我々次第なのである。法律の主旨を生かして男女共同参画社会の形成を進めていくことが大事である（大沢、2002年。鹿嶋、2003年）。

3. 法律のできた背景

1) ウーマン・リブ（Women's Liberation Movement）

　男女の平等に関する法律が、日本のような風土の中でなぜできたのだろうか。きっかけは、1960年代後半から欧米を中心として世界規模で起こった女性解放運動であるウーマン・リベレーション・ムーブメント（略してウーマン・リブ）にさかのぼることができよう。1960年代には日本を含め、欧米諸国で大学の改革を求める大学紛争が起きた。日本では全共闘を中心に大学改革が求められ、各地の大学でバリケードが築かれ、授業をボイコットして討論集会が行われた。大学改革運動というのは、従来の大学の授業のように、教授が一方的に知識の切り売りをするのではなく、学生たちによる主体的な学習活動ができる環境を要求し、大学運営やカリキュラム編成などにも学生の意見が反映されることを求めたものである。いわば、学生たちが自己の主体性に目覚めた意識改革運動なのである。

　そうした活動に参加した女性たちも活動の中で、主体性に目覚めていったのは当然のことである。しかし、実際の運動では、男はゲバ棒をもって戦い、女は飯炊きをするというように、運動が唱える主体的に自分の生き方を決めるという理論とは違い、明らかに男女の性別役割分業の押しつけがあり、男女差別があった。そのような状況をみて目覚めた女性たちは、自分たちが本当に戦う相手は誰なのか、ということに疑問を持ち始める。女性たちが戦う相手は、男性たちが作り上げた社会なのではないか、意識の問題、慣習の問題、文化の問題なのではないかということに気付いた。こうして起こったのがウーマン・リブであるといえよう。

　明治時代から大正時代にかけての女性参政権を中心とした法律的・制度的男女差別の撤廃を求めた女性解放運動を第一波フェミニズムというのに対して、ウーマン・リブは意識レベルでの性差別を撤廃する女性解放運動であり、第二波フェミニズムという。このような女性解放運動が1960年代から70年代初めにかけて世界中で起こったのである。そして、地球規模のウーマン・リブは、国連の国際女性年をはじめとする世界的な女性の地位向上を求める動きへとつ

ながっていったのである。

2）国連の国際女性年と世界女性会議

ウーマン・リブの動きを受けて、国連は1972（昭和47）年の第27回総会で、世界人口の半ばを占める女性の潜在力を活用し、男女平等とあらゆる分野への女性の参加を促進することを目指す年として、1975（昭和50）年を「国際女性年」（International Women's Year）とすることを決定した。そして、1975年にメキシコシティで初めての世界女性会議が開かれた。会議では「世界行動計画」と「メキシコ宣言」が採択され、世界的に女性の地位向上を目指す行動指針が示された。

メキシコの会議では、先進工業国の女性たちと長い間の植民地支配の下で貧困や飢えに苦しむ開発途上国の女性たちとの間に、女性解放の取り組みに対する考え方に違いがあることが表面化した。つまり、開発途上国の女性たちにとって、男女平等より先進国と途上国の間の不平等を解決することの方が先決問題だったのである。先進国の女性たちは、会議が始まる前までは男女平等は世界共通の課題であり、世界中の女性はこの課題で話し合えると考えていたので、途上国の女性たちの考え方に大きなショックを受けた（田中、1987年）。

メキシコの世界女性会議に引き続き、国連は1975（昭和50）年12月に第30回総会で、各国政府に国際女性年の目標達成を促すために、1976年から85年までの10年間を「国連女性の10年」（United Nations Decade for Women）と決定した。

1979（昭和54）年の第34回国連総会では、女性に対する差別を撤廃し、男女平等を具体化するために「女性に対するあらゆる形態の差別の撤廃に関する条約」が採択され、その署名式もかねて、翌80（昭和55）年に2回目の世界女性会議「国連女性の10年中間年世界会議」がデンマークのコペンハーゲンで開かれた。国連女性の10年最終年の1985（昭和60）年にはケニアのナイロビで3回目の世界女性会議「国連女性の10年最終年世界会議」が開かれ、「西暦2000年に向けた女性の地位向上のためのナイロビ将来戦略」（以下「ナイロビ将来戦略」と略）が採択された。

1995（平成7）年には「第4回世界女性会議」が北京で開かれ、貧困、教育、健康など12の重大問題領域の解決に向けて、女性のエンパワーメントのアジェンダである「行動綱領」と「北京宣言」を採択した。いずれの会議でも政府間会議と並行して、NGOによるトリビューンやフォーラムが開かれ、回を追うごとに世界の女性の参加者は増加していった。日本からも多くの女性が参加し、各国の女性たちと公式非公式に交流を重ね、情報交換をするとともに、お互いの理解を深めていった。

　以後、2000（平成12）年には、ニューヨークで国連特別総会「女性2000年会議」が開催され、「北京宣言及び行動綱領実施のための更なる行動とイニシアティブ（成果文書）」が採択された。また、北京で開催された第4回世界女性会議後10周年に当たる2005（平成17）年には「第49回国連女性の地位委員会（北京＋10）」が、15周年目の2010（平成22）年には「第54回女性の地位委員会（北京＋15）」がそれぞれニューヨークで開かれ、「行動綱領」「成果文書」の実施状況が検討された。

4.　日本の男女共同参画政策

1）世界女性会議後の日本政府の対応

　日本政府はメキシコの国際女性年世界会議で採択された世界行動計画を受けて、1977（昭和52）年に「国内行動計画」を策定し、10年間の総合的な女性政策の計画を立てた。その後、ナイロビ会議で採択された「ナイロビ将来戦略」を受けて、1987（昭和62）年に「西暦2000年に向けての新国内行動計画」を策定した。その背景には、全国的な規模をもつ女性団体が政府に対し要望をするなどの市民活動があった。

　北京女性会議後の1996（平成8）年には男女共同参画審議会の「男女共同参画2000年ビジョン」に基づいて「男女共同参画2000年プラン」が策定された。このプランには、「男女共同参画の視点に立った社会制度・慣行の見直し」が重点目標に取り上げられている。これは新しい視点で、「それ以前の国内行

動計画には、そうした視点はなかった。『ジェンダーに敏感な視点の定着と深化を』という趣旨が徹底した典型例である」(鹿嶋、2003年、12頁)との指摘があるように、このプランには、新しいジェンダーの視点が盛り込まれたのである。これ以降、男女共同参画社会基本法、および男女共同参画基本計画にはこの考え方が引き継がれている。

　また、ビジョン作成にあたって中間報告「論点整理」を公表し、民間から広く意見を求めるという新しい手法を取り入れた。これ以降、政府や地方自治体の行動計画にパブリック・コメントを求めることが一般化し、多少なりとも市民や市民団体の意見が計画に反映されるようになったといえよう。

2）男女共同参画基本計画

　政府は、先に述べたように、「男女共同参画社会基本法」13条に従って2000（平成12）年12月に第1次「男女共同参画基本計画」を定め、2005（平成17）年12月に第2次、2010（平成22）年12月に第3次の計画を定めている。第3次「男女共同参画基本計画」では、2020（平成32）年までを見通した長期的な政策の方向性と2015（平成27）年度末までに実施する具体的施策である、次の15の重点分野をあげている。

①政策・方針決定過程への女性の参画の拡大
②男女共同参画の視点に立った社会制度・慣行の見直し、意識の改革
③男性、子どもにとっての男女共同参画
④雇用などの分野における男女の均等な機会と待遇の確保
⑤男女の仕事と生活の調和
⑥活力ある農山漁村の実現に向けた男女共同参画の推進
⑦貧困など生活上の困難に直面する男女への支援
⑧高齢者、障害者、外国人などが安心して暮らせる環境の整備
⑨女性に対するあらゆる暴力の根絶
⑩生涯を通じた女性の健康支援
⑪男女共同参画を推進し多様な選択を可能にする教育・学習の充実

⑫科学技術・学術分野における男女共同参画
⑬メディアにおける男女共同参画の推進
⑭地域、防災・環境その他の分野における男女共同参画の推進
⑮国際規範の尊重と国際社会の「平等・開発・平和」への貢献

　この15分野の中で、③男性、子どもにとっての男女共同参画、⑦貧困など生活上の困難に直面する男女への支援、⑧高齢者だけでなく障害者、外国人を強調したこと、⑫科学技術・学術分野における男女共同参画、⑭地域、防災・環境その他の分野における男女共同参画の推進、が新たに重点分野として加わっている。さらに、第3次基本計画は、男女共同参画社会基本法施行後10年、および第2次男女共同参画基本計画策定後5年間において、男女共同参画の推進が不十分であったとの反省にたって、計画を実効性のあるものにするために、各重点分野に「成果目標」として具体的な数値目標を示している。

　具体的な施策の進捗状況については、たとえば、1977（昭和52）年に策定された国内行動計画以来重点目標になっている「女性の政策決定参加（参画）の促進」についてみると、第2次基本計画では、「2020年までに30％」の目標をあげてきた。国の審議会などの委員に占める女性の割合は2005（平成17）年では30.9％であったが2009（平成21）年には33.2％になり、国家公務員採用者（Ⅰ種事務系）では2005年に21.5％だったのが2009年には30.6％になっている。しかし、裁判官に占める女性の割合は2005年に13.7％が2009年に16.0％、検察官は同じく2005年に9.5％が2009年に12.9％と、国の機関によっても達成状況は異なる[2]。国会議員の女性割合や民間企業の女性管理職（2009年に6.5％）[3]についてはさらに低くなっている。第3次基本計画では、「今後取り組むべき喫緊の課題」として、「分野や実施主体の特性に応じて、実効性のある積極的改善措置（ポジティブ・アクション）を推進する」を盛り込んでいる。方針決定過程への男女共同参画を進めるためには、ノルウェーのように、民間企業の取締役の4割以上を女性にするという罰則付きの法律が必要である（『女性展望』2008年3月号）[4]。

　基本法4条にもあげられている「社会制度・慣行の見直し」に関しては、「固

定的性別役割分担を前提とした制度の変革、ライフスタイルの多様化に対応した制度や枠組みの整備が遅れた」ことを反省し、第3次基本計画では、「男女の社会における活動や個人の生き方が多様化する中で、男女の社会における活動の選択に対して中立的に働くような制度構築が必要であり、男性片働きを前提とした世帯単位の制度・慣行から個人単位の制度・慣行に変更する」ことを喫緊の課題としている。

　そうはいっても、2011（平成23）年1月時点で、先に述べた年金制度における第3号被保険者に対し、年金救済策を厚生労働省の課長通知で実施するなど、個人単位の制度改革にはほど遠い状況である[5]。夫婦別姓に関する民法改正についても改正の方向はみえていない。

　また、第3次基本計画は「雇用・セーフティネットの再構築」を喫緊の課題としてあげている。この数年、パートタイマーや派遣労働などの非正規労働者が増加しており貧困と経済格差が拡大しつつあったが、第2次基本計画策定後に、こうした社会状況の変化がより顕著になった。2008（平成20）年のリーマン・ショック以来、失業者や非正規労働者がさらに増加し、仕事を失うと同時に住まいも失う「すべり台社会」[6]と呼ばれるような状況になってきている。中でも、障害者や外国人労働者、女性はより困難な状況におかれている。こうした人たちへの支援は緊急の課題である。

　計画はあるけれど、男女共同参画社会の実現には、まだまだ遠く、グローバル化が進む中で、さらに厳しい状況になっている。これらの計画を実効性のあるものとし、実現していけるかどうか、その推進力が問われている。我々市民一人ひとりが基本法や基本計画の存在を知り、その実現に向けて動き出すことが必要である。

5. 地方自治体の男女共同参画政策

　地方自治体に対しては、14条で「都道府県の区域において総合的かつ長期的に講ずべき男女共同参画社会の形成の促進に関する施策の大綱」と「都道府

県の区域における男女共同参画社会の形成の促進に関する施策を総合的かつ計画的に推進するために必要な事項」を策定することが都道府県に対しては義務規定となっているが、市区町村に対しては努力規定である。義務規定になっている都道府県については、2011（平成23）年4月時点で、47都道府県すべてに基本計画が策定されている。市区町村については、努力規定ではあるが、内閣府男女共同参画局による「推進状況（平成23年度）」の調査対象となった1,732の地方自治体のうち1,141自治体で策定されており、策定率は65.9％である（内閣府男女共同参画局、2012年）。国の基本計画に歩調を合わせて、2011年に改訂に取り組んでいるところも多く、国の第3次基本計画のように具体的な数値目標を入れている計画も多くなっている[7]。

　先に、基本法には自治体の条例について何の規定もなく、そのために自治体で条例作りがうまくいかなかった例を紹介したが、男女共同参画社会基本法答申の策定に中心的に関わった古橋源六郎は、対談の中で地方自治体への期待として、「地方独自の条例を作ったり、基本法では努力義務であったものを義務規定にするなど、積極的に取り組んで欲しい」（縫田、2002年、150頁）と語っている。何から何まで国におんぶするのではなく、地域の男女平等を進めるのは地域の努力次第なのである。我々が暮らしている地域の政策は、日常生活に密着しているが故に、我々自身の手で作っていくことが必要である。それぞれの地域でどのような工夫がなされているのか、みていきたい。計画に盛り込まれた内容について比較することは重要なことであるが、各自治体によってそれぞれ抱える課題が異なり、自治体として力を入れようとしている分野も異なるので内容分析はひとまずおいておき、ここでは政策決定の過程を具体的な例からみていきたい。

1）自治体の女性政策決定の主体

　そもそも政策決定は誰が、どのようにするものなのだろうか。『社会学小辞典』によれば「政策決定集団」は「（前略）議会制民主主義のタテマエでは立法機関が政策決定権をもつとされるが、複雑な現代政治においては政党・官僚組織・各種審議会のほか、さまざまな巨大圧力集団が政策の形成・決定に介

入し、実際の政策はこれら集団間の利害調整の結果として現れる」(濱嶋・竹内・石川、2001年)としている。以前は、行政機関が実施中の施策をまとめて体系化し、行動計画を策定しているようであったが、最近は、審議会に諮問して、その答申に基づいて策定している場合が多い。とはいえ「地域レベルでの男女共同参画社会を実現する上で大きな役割を果たすのが、自治体の政策や方針を決定する過程自体を男女共同参画型にすることである。その決定過程の一つが審議会である。とかく政府や自治体の審議会は形骸化が指摘され、役所の隠れ蓑などと批判されることもしばしばである。(後略)」(片山、2009年)という批判がある。しかし、この審議会に政策の直接の受け手である市民が参画できるようになれば、一歩前進といえよう。

①中野区の女性政策

東京都中野区は、以前から教育委員の準公選運動をするなど、市民活動の盛んな地域であり、行政もそれに応えて教育委員の準公選を実施しており、他の自治体にはない新しい取り組みをしているところである[8]。女性政策に関しても1978(昭和53)年に女性問題の専管組織を設置し、1984(昭和59)年には女性問題解決の拠点として婦人会館を開設している。1981(昭和56)年3月、婦人団体からの陳情を受けて、1981年12月に「中野区婦人行動計画」を策定している。この行動計画は行政機関が作ったものであるため、行政は翌82年に市民団体代表や公募の市民、学識経験者らで構成される「中野区婦人行動計画推進区民会議」を設置し、提言を受けている。その後毎年、区からは婦人行動計画実施部門の部課長が参加して、区民の政策への理解と提言を得るため「区民との対話集会」を開き、区民との直接対話を行っている。対話集会では区民は直接区の担当者に政策に関する疑問をぶつけることができ、回答を得ることができる。一方、担当者は区民が政策について何に関心をもっているか知ることができる。と同時に、区の政策についての理解者を確保することにもなる。

また、1989(平成元)年には「女性問題を解決し、男女共同社会の実現をめざしてその基本理念を明確にし、区が総合的かつ計画的に施策を展開するため

の総合的なプログラム」として「女性基本計画」を策定した[9]。この計画に基づきさらに「実施推進計画」を策定するという2段構えの計画である。21世紀に向かって男女共同社会を実現するためには、これまでのような行動計画ではなく、基本理念を明確にした総合的な計画が必要であるとの認識に立って進められたのである。1987（昭和62）年に区役所のさまざまな部門を担当する若手職員で組織された「中野区女性基本計画職員プロジェクトチーム」で、日頃施策を進める中で直面する女性問題を話し合ってもらい、基本理念と施策の基本的方向の素案づくりを行った。翌年、その素案を公募区民や団体の代表、区の若手職員などで組織された「中野区女性基本計画策定委員会」で検討し策定するという方式であった。策定にあたって、区民との意見交換会を行うなど、積極的に区民の意見を取り入れる工夫はなされているが、もともとは行政職員の作ったたたき台を区民が検討するというやり方であった。

策定委員会の市民団体代表のメンバーからは「日頃から政策を考えている頭の良い区の職員が作ったもの（案のこと）を、私たち素人がいきなり見せられて、何か言うのは難しい。初めから私たちに作らせてくれるのでなければ、市民が策定したとはいえないんじゃないか」という意見があった。このことが先に紹介した片山善博のいう「審議会が役所の隠れ蓑に使われている」の意味しているところであろう。

中野区は2000（平成12）年に「男女共同参画基本計画」を策定し、2002（平成14）年に「中野区男女平等基本条例」を制定・施行している。

②町田市の女性政策

東京の町田市は、1960年代初めに東京のベッドタウンとして開発された地域である。1950年代後半に人口約6万人だったのが、70年には20万人を超え、2011（平成23）年現在42万人を超えている。1980（昭和55）年に婦人問題担当窓口を開設し、81年3月に「町田市における婦人関係施策のあらまし」、90（平成2）年3月に「町田市における女性関係施策のあらまし」を発行しているが、行動計画は遅れていた。東京のほとんどの自治体が行動計画を策定済みの1991（平成3）年に「町田市女性行動計画検討委員会」を立ち上げ、

1994（平成6）年3月に「町田市女性行動計画まちだ女性プラン―男女平等参画型社会をめざして―」を策定した[10]。

　町田市の場合、行動計画、つまり政策決定にあたって、中野区のように行政機関が案を作るのではなく、20名の検討委員会のメンバーが三つのグループに分かれて素案を作り、それを委員会全体で検討するという方式であった。慣れない市民が中心になって政策案を書いていくのはなかなか大変なことであった。各グループごとに担当部門の職員から話を聞いたり、現場を見学したり、それぞれのグループが9回から13回にわたって会合を開き素案をまとめ、さらに14回にわたる起草委員会でまとめ全体会にかける。全体会も12回開かれ、提言を出すまでに2年の歳月がかかっている。町田市の場合は、女性行政担当の職員が少なく、市民の手助けが必要だったのかもしれない。時間はかかったが、市民は自分たちの行動計画という実感をもつことができたし、市民たち自身にとっても女性政策の勉強の機会になったといえよう。

2）政策決定過程と市民

　中野区と町田市の行動計画策定過程をみてきたが、この二つの自治体はたまたま筆者が行動計画策定に関わった自治体であるが、多くの自治体が似たようなプロセスを経て行動計画を策定していると考えられる。二つの自治体の行動計画策定から市民は女性政策決定過程にいかに関わっていくべきか検討したい。

①両自治体の政策決定過程の違い

　政策決定についてもその過程は自治体によって異なる。このような違いはどこから生まれてくるのだろうか。

　まず、策定の時期の違いである。中野区は国の行動計画ができてからすぐに行動計画を策定し、国に先駆けて、基本計画を策定している。その一方で、町田市では東京都内の他の自治体がほとんど行動計画を作った後の1990年代に入ってから、最初の行動計画を策定している。策定の時期が早いか遅いかということ自体に自治体行政の女性政策に対する姿勢の違いが表れているといって

いいだろう。

　市民の女性政策への関心度はどうだろうか。中野区では第2次大戦後まもなくから生協や婦人団体、PTA の活動などが盛んであり、教育への関心は高く、それが教育委員準公選運動へとつながっていった。市民活動の歴史が長い地域なので、1981（昭和56）年という比較的早い時期に婦人団体から婦人行動計画策定の陳情が出されている。女性政策への関心も高かった。一方、町田市は先に述べたように、1960年代初めに東京のベッドタウンとして発展してきた街である。1980（昭和55）年に市内の婦人団体、サークルなどの連絡会として「町田市婦人（後に女性）の生活をよくする連絡会」が発足している。発足当初は、婦人問題解決のための窓口開設と活動の拠点としての婦人会館建設を行政に要望しており、女性行動計画策定については取り組みが遅く[11]、1989（平成元）年3月に「『(仮)町田市婦人行動計画』策定のための審議会設置を要望する申し入れ書」を市長宛に出している。女性行動計画策定に関しては市民の関心そのものが薄かったといわざるを得ない。町田市は新興住宅地域なので、女性の活動層が中野区ほど厚くないので婦人会館も、行動計画もというように両方には手が回らなかったのかもしれない。町田市は1999（平成11）年12月に「町田市男女平等推進センター」を開設し、2001（平成13）年に「男女平等参画都市宣言」を行っているが、条例はまだ作られていない。

②両自治体の政策決定の類似点

　行政機関が施策を進めるにあたっては、一般に三つの対応が考えられる。一つ目は問題担当の部署の設置であり、二つ目は実施機関の整備である。女性政策の場合は女性センターがこれにあたる。三つ目は行動計画や条例のように施策の方向づけである。町田市では市民からの要望で女性問題担当窓口と男女平等推進センターを設置し、女性行動計画の策定に取り組むことになった。中野区でも婦人行動計画、婦人会館[12]とも女性団体の強い要望によって実現している。両自治体とも市民の働きかけによって、施策が推進されていったといえよう。女性政策推進のためには、市民からの要望、働きかけがいかに重要かを示している。

自治体の男女共同参画計画以外の行動計画、たとえば自治体の基本構想や環境計画、福祉計画などについても、最近は市民が参画した審議会で策定しているところが多い。その審議会も公募した一般市民が参画しているところが多くなっている。町田市の女性行動計画は審議会中心で策定されたものである。中野区も初めこそ行政だけで行動計画を策定したが、その後は市民参画の審議会で策定するようになっている。今や、政策決定は市民との協働を中心に進められているのである。そして、行政主導から市民主導へ変わりつつある[13]。市民生活を豊かにしていくためには自治体行政に対し、より積極的な市民の参画が必要である。

3）市民にとっての今後の課題

　男女共同参画計画ができたら、そこからが出発点で、その計画が本当に実施されるのか、市民の側で見守っていくことが必要である。最近では、計画の実施状況を市民が参画した推進委員会で評価しているところが多くなっている[14]。また、先に述べたように、国の第3次基本計画と同様に、行動計画に数値目標を設置し、男女共同参画推進の指標としている自治体も多くなっている。評価を数値という目に見える形で実施するようになってきているのである。

　行政の計画をみると、計画を策定する段階では、あれもこれもやって欲しいというのが人情である。とくに女性政策はこれまであらゆる分野にわたって遅れていたので、委員会としてはどうしても盛りだくさんのことを要求しがちである。しかし、実施項目があまりに多く、多岐にわたると、予算もスタッフも限られている状況では、どれも進まないということになりかねない。この5年間、あるいは10年間にはこれだけはやって欲しいということ、たとえば、条例を作るとか、男女平等推進センターを作ることなどに焦点を絞って計画を作り、実施を促し、評価していくことが重要なのではないだろうか。

　また、実績報告のやり方についても、防災や高齢者問題などについて、防災の面からだけの報告ではなく、その事業は男女共同参画の視点からみてどのような点が改善されたか、あるいは努力の余地があるのか、という報告が必要である。とくに、担当部門の男女共同参画に対する理解が不十分であると、事業

は実施しているが、男女平等にとってかえって後ろ向きの実施になっている場合もある[15]。女性にやさしい施策は男性にとっても子どもや高齢者にとってもやさしい施策となりうる。男女共同参画の視点で行政側に自分たちの施行状況を見直してもらうことが男女共同参画社会の形成のためには必要なのである。

市民は常にそのような視点で行政の施行状況をチェックしていくことが必要である。

注
1) 宇部市では 2002（平成 14）年 6 月に「宇部市男女共同参画推進条例」を公布・施行している。条例の 3 条「基本理念」の一で「男女が、男らしさ女らしさを一方的に否定することなく男女の特性を認め合い（後略）」と規定している。男女共同参画推進のためには、男らしさ女らしさを押しつけないことが重要であるが、宇部市の条例では、逆に、男らしさ女らしさを強調しているようにみえる。また、同条 5 では、「専業主婦を否定することなく（後略）」としており、あえて専業主婦になることを推奨しているようにみえると、フェミニストたちから抗議の声があげられている。
2) 男女共同参画会議の基本問題・計画専門調査会「第 3 次男女共同参画基本計画策定に向けて（中間整理）」（平成 22 年 4 月）の「参考図表（関連データ）」より。
3) 「第 3 次男女共同参画基本計画」（平成 22 年 12 月 17 日）の〈成果目標〉より。
4) ノルウェーでは 2003（平成 15）年に職場におけるバランスのとれた男女構成比を規定する法律を導入。国営企業については 2004 年 1 月から施行。民間企業（上場企業）については「取締役会の 4 割以上を女性にする」ことを義務づけ、2006 年 1 月から施行。
5) 現在の年金制度では、第 3 号被保険者は保険料を納めなくても基礎年金を受け取れるが、サラリーマンである配偶者が脱サラすれば、配偶者も第 3 号ではなくなり、国民年金の保険料を払わなければならない。ところが、切り替えの届け出をしなかった人が多数に上り、無年金になる人が続出するおそれがあったため、切り替えの届け出漏れがあった人を対象に直近の 2 年分の保険料を払えば、それ以前の保険料は免除する。免除した分は、保険料を払う必要がない第 3 号被保険者という扱いにするという救済策を厚生労働省は実施した。2010（平成 22）年末に厚生労働省の課長通知で救済策を実施することを決定。きちんと国民年金に切り替えた人は対象外なのに、届けでなかった人だけ救われるため、不公平感が強いと、総務省の年金業務監視委員会で問題になった。
6) 「すべり台社会」とは反貧困ネットワーク代表の湯浅誠著『反貧困—「すべり台

社会」からの脱出』(岩波新書)の「うっかり足を滑らせたら、どこにも引っかかることなく、最後まで滑り落ちてしまう。このような社会を、私は『すべり台社会』と呼んでいる」より。
7) 東京都昭島市では2011(平成23)年2月の「昭島市男女共同参画プラン」の改定にあたって、『第三期昭島市男女共同参画推進委員会報告』(2009年9月)の「次期プランへの課題」に基づいて、11の「施策の方向」についてそれぞれ目標指標を設定し、目標値をあげている(「昭島市男女共同参画プラン審議会答申」)。
8) 中野区の女性の市民活動については、藤原千賀『事例にみる女性の市民活動と生活』弘学出版を参照。
9) 中野区地域センター部婦人青少年課『中野区基本計画』より。
10) 町田市女性の生活をよくする連絡会編『男女平等推進センター開設までの20年』より。
11) 上記『男女平等推進センター開設までの20年』の座談会「20年をふりかえって」の「女性行動計画のこと」で語られた反省の言葉。
12) 中野区の婦人会館(その後、女性会館、そして男女共同参画センターに名称変更している)設立に向けて、同区の婦人団体が重要な役割を果たしたことについては注8)の文献に詳しい。
13) 西島博樹・西川芳昭「ネットワークを作り出すNPOの役割」西川芳昭・伊佐淳・松尾匡編『市民参加のまちづくり』(創成社)には「住民参加とは、地域住民を巻き込んだ形での地域連携活動の推進である。一言でいえば、行政主導から住民主導への転換である」という言葉が出てくる。
14) 東京都西東京市男女平等参画推進委員会では「西東京市第2次男女平等参画推進計画」について、年度ごとに各課の実績を評価している。
15) ある自治体の事業評価に「男らしさや女らしさを全て否定するような行き過ぎた考え方に基づいた男女混合名簿を作成しないことを基本としながら、今後も男女平等教育を推進していく」と男女平等に逆行している文言がみられる。

参考文献
大沢真理編『21世紀の女性政策と男女共同参画社会基本法〈改訂版〉』ぎょうせい、2002年
鹿嶋敬『男女共同参画時代』岩波書店、2003年
片山善博「男女共同参画社会の実現と女性の力」(財)市川房枝記念会編『男女共同参画社会をめざして地域から変える女性たちが変える』(財)市川房枝記念会出版部、2009年
総理府編『女性の現状と施策―新国内行動計画第2回報告書―』ぎょうせい、1992年
田中和子「国際婦人年」原ひろ子・田中和子・舘かおる・須田道子編『読む事典・女の世界史』新曜社、1987年

内閣府男女共同参画局「地方公共団体における男女共同参画社会の形成又は女性に関する施策の推進状況（平成23年度）」http://www.gender.go.jp/research/suishinjokyo/2011/report.html
中野区地域センター部婦人青少年課『中野区基本計画』中野区、1989年
西島博樹・西川芳昭「ネットワークを作り出すNPOの役割」西川芳昭・伊佐淳・松尾匡編『市民参加のまちづくり』創成社、2005年
縫田曄子編『あのとき、この人 女性行政推進機構の軌跡』ドメス出版、2002年
濱嶋朗・竹内郁郎・石川晃弘編『社会学小辞典［新版］』有斐閣、2001年
藤原千賀『事例にみる女性の市民活動と生活』弘学出版、1998年
町田市女性の生活をよくする連絡会編『男女平等推進センター開設までの20年』町田市女性の生活をよくする連絡会編、2000年
湯浅誠『反貧困―「すべり台社会」からの脱出』岩波書店、2008年

第 2 章
教育・学習分野の男女共同参画

1. 制度の平等と進学・専攻分野

　男女共同参画という視点から教育・学習の分野をみるとどうだろうか。日本では、教育は男女平等になっていると考えられている。世論調査で「男女共同参画社会に関する意識について」質問すると、「学校教育の場における男女の地位の平等観」についての回答は他の分野、たとえば職場、政治の場、社会通念・慣習・しきたりなどに比べ、「平等」という回答が 70％近くを占め平等観が高くなっている[1]。

　第 2 次世界大戦以前の日本においては、中等教育は男女別学、男女別コースだったことを考えると、現在は、制度的には教育の機会は平等になっているといえる。大学入学者の選抜や評価は原則的には学業成績による。しかし、機会の平等は必ずしも結果の平等とは限らない。しかも、残念なことに 2006（平成 18）年に改定された教育基本法では、改定前の教育基本法の 5 条「男女は、互に敬重し、協力し合わなければならないものであって、教育上男女の共学は、認められなければならない」という「男女共学」の条文が削除されているのである。現在では、男女共学が一般的になり、この条文の「認められなければならない」が現状にあわなくなってきているのかもしれないが、それならば「教育上男女の共学を原則とする」という文言に変えた条文が必要だったのではないだろうか。

1) 高等教育への進学率

　まず、義務教育終了後の高等教育への進学率をみてみよう。文部科学省の「学校基本調査」によれば、高校への進学率は、2010（平成22）年に女子は96.5％、男子は96.1％となっており、わずかながら女子の方が進学率は高い。ところが、大学への進学率は、2010年に女子は45.2％、男子は56.4％と男女差が10％以上あり、女子の方が低い。女子は短大への進学率が10.8％あり、大学進学率に短大を含めると女子は56.0％、男子は57.7％になり、差は縮まる。以前は女子の大学への進学率は短大への進学率より低く、女子の短大進学率がピークとなった1994（平成6）年には24.9％で、大学へは21.0％にすぎなかった。同じ年に男子の大学進学率は38.9％と女子の倍近い割合であった。女子は短大、男子は4大ということである。なぜ、男子は4大で、女子は2年就学期間の短い短大でいいのだろうか。かつては、女性は4大に行くと結婚が遅れるといわれた。女性は高卒か短大卒で就職し、数年働いたら結婚退職するものと考えられていたのである。2010年の大学の学部在学の男女比をみると、女子は107万8,000人で42.1％、男子は148万1,000人で57.9％を占めている。女子の大学への進学率は高くなりつつあるが、男女差は残っている。大学院（修士課程）在学生数では、女子の割合はさらに低く、29.5％である（文部科学省、2011年）。

　しかし、最近の日本では、男女を問わず、豊かな家庭とそうでない家庭の教育格差が問題となっている。ゆとりのある家庭では子どもの教育にお金をかけ、良い学校に入学させ、良いところへ就職させることができるけれど、子どもの教育にお金をかける余裕のない家庭では、子どもの将来の選択幅も狭くならざるを得ない状況がある。

2) 専攻分野の違い

　次に、大学での専攻分野をみてみよう。文部科学省の2004（平成16）年の「学校基本調査」から各専攻分野別の男女比をみると、女子は家政（92.8％）、人文科学（67.5％）、教育（61.4％）、薬学（57.9％）の分野では半分以上を占め、工学（10.6％）、理学（25.8％）、医科・歯科（33.9％）などの理系には少ない。農

学は 40.8％を占め、最近は女子が増えてきたがそれでも半分に満たない。以前は女子学生が少なかった社会科学に関しては女子学生全体の 27.2％が専攻している。社会科学を専攻する全学生のうちの女性比は 31.1％である。工学を専攻する女子は、2004（平成 16）年時点で 1 割にすぎないが、1975（昭和 50）年では 0.9％だったことを考えると、女子の専攻者が増えたことがわかる。それにしても、専攻分野にこのような男女の偏りがあるのはなぜだろうか。どうして理系に女子が少ないのだろうか。

第 1 章で述べた国の「第 3 次男女共同参画基本計画」でも第 12 分野で「科学技術・学術分野における男女共同参画」が施策の基本的方向としてあげられており、その中で、「女子学生・生徒の理工系分野への進学促進」を謳っている[2]。

内閣府の「科学技術と社会に関する世論調査」（2004 年 2 月調査）で「小・中学生の頃、理科が好きでしたか」を尋ね、「非常に好き」「好きな方」「嫌いな方」「非常に嫌い」「どちらともいえない」の 5 段階で回答を得ている。年齢階層別男女別の回答をみると、「非常に好き」と「好きな方」を合計した数（「好き」と回答した数）はどの年齢層でも男性の方が女性より高く、30 代、50 代では男女差は 30％近くなっている。ちなみに、若い年齢の 18 〜 29 歳層の男女を比較してみると、「好き」と回答した女性は 36.9％、男性は 55.4％となっている。この調査は成人した男女に小・中学生の頃を思い出してどうだったのかを聞いており主観的数値である。小・中学生当時、実際は得意であったか、成績が良かったかは別問題であるが、それにしても男女でこれだけの差がある。こうした回答の背景には、「女は数学・理科が苦手、男は数学・理科が得意」という考え方があるのではないだろうか。あるいは、女は「理科が嫌い」、男は「理科が好き」といわなければ、女らしくない、男らしくないといわれてしまうことを心配しているのかもしれない。

数学や理科の能力に男女差はあるのだろうか。OECD（経済協力開発機構）が 2009（平成 21）年に 65 か国の 15 歳児を対象に行った学習到達度調査（PISA）の結果をみると[3]、数学的リテラシーに関しては「日本は男子 534 点に対し女子が 524 点だが、統計的有意差はない」（国立教育政策研究所、2010 年）、科学的リテラシーについては「日本は女子が男子より 12 点高いが、統計的な有

意差はない」(同上)とのことである。数学の平均値に関しては男子の方が10点高いが、科学の平均値は女子の方が12点高い。しかし、ともに有意差があるとはいえないということである。

　実際は、数学や理科に対しそれほど男女差はない。それにもかかわらず、大学の専攻分野別在学者数をみると男女の割合に大きな差がある。それは、女性は数学・理科に弱いのだ、生まれつき女と男は違うのだ、という思いこみを反映しているのではないだろうか。このような考えを子どもたちは一体どこで学ぶのであろうか。実際に、理工系分野で活躍する女性の姿を見る機会があまりに少ないことも理由の一つだろう。

　そこで、女子中・高生が理工系分野を目指すことを促すために、独立行政法人科学技術振興機構では「女子中高生の理系進路選択支援事業」を行っている。内閣府男女共同参画局でも、理工系を目指す女子高校生に向けた情報提供を行っている(内閣府男女共同参画局ホームページ)。また、女子大学が中心となって女子中・高生向けの「サイエンスフェスティバル」を開催し、女子中・高生と科学技術分野で活躍する女性研究者・技術者との交流の場を提供したり、実際に実験を体験することで、女子中・高生の理系選択を支援している(http://www.ocha.ac.jp/sf2011/、http://rikei.tsuda.ac.jp/)。

2. 家庭でのしつけ・教育

　先に述べた、改定教育基本法(2006年12月施行)では、家庭における教育を重視し、10条に新たに(家庭教育)を設け、「父母その他の保護者は、子の教育について第一義的責任を有するものであって、生活のために必要な習慣を身に付けさせる(後略)」と規定している。その家庭における教育をみてみよう。

1) 女の子は女の子らしく、男の子は男の子らしく

　家庭でのしつけに男女による違いはあるのだろうか。少し古い調査であるが、1992(平成4)年に東京都が行った女性を対象とする「女性問題に関する国際

比較調査報告書」をみると、「子どもの育て方」について、日本では「男の子は男の子らしく、女の子は女の子らしく」（以下、「らしく育てたい」とする）という回答が46％であり、「同じように育てるのがよい」（以下、「同じように」とする）は39％である。残りは「どちらともいえない」である。他の国をみると、日本と同じように「らしく育てたい」が多いのは韓国（55％）だけで、その他の国はフィリピン（63％）、米国（66％）、イギリス（79％）、フランス（62％）、ドイツ（71％）、スウェーデン（89％）と「同じように」という回答が半分以上になっている。中でもスウェーデンは「同じように」が9割近くを占めている。

　日本では、生まれたときから洋服や持ち物について女の子はピンク、男の子はブルーを身につけ、本人の意思に関係なく、遊び道具も女の子はお人形にままごと遊び、男の子は乗り物や怪獣を与えられる。そして、たとえば、「女の子だから……しなさい」とか「男の子だから泣いてはいけない」などと、女の子は女の子らしく、男の子は男の子らしく、社会的・文化的な性役割意識を押しつけられていく。これは家庭に限らず、地域や社会でも同じように一人ひとりの個性に関係なく、性の規範を押しつけられていく。そして知らず知らずのうちに、社会的・文化的な女らしさ、男らしさ（ジェンダー）を身に付けていくのである。

2）親が子どもに受けさせたい教育程度

　親が男の子に向ける期待と女の子に向ける期待も違った形で表れている。たとえば、親は子どもにどの程度の教育を受けさせたいと思っているかみてみよう。

　1997（平成9）年に経済企画庁（現在は内閣府が実施しているが、質問項目は毎年一部変わる）が行った「平成9年度国民生活選好度調査」をみると、「あなたは中学生の男のお子さん（女のお子さん）にどの程度の教育を受けさせたいと思いますか」という質問に対し、女性（母親）も男性（父親）も女の子には「大学以上」が約40％で、「短大」が30％前後となっている。それに対し、男の子には「大学以上」が女性（母親）、男性（父親）とも70％前後と高くなってい

る。母親・父親とも子どもの性によって、将来受けて欲しい教育程度がこのように異なるのである。この調査から10年以上たっている今日、事情は少し変わっているかもしれないが、子どもが男の子か女の子かによって、対応がこのように違っていたのである。

3）子どもからみた親の養育態度の男女差

では、子どもたちは親の養育態度やしつけが自分と異性のきょうだいに対してでは違うと思っているのだろうか、同じだとみているのだろうか。

首都圏の大学に在学する大学生に対し、異性のきょうだいがいる人を対象に「異性のきょうだいとあなたに対する両親の態度の違い」について質問した結果をみてみよう[4]。「大学進学について」「学習塾・家庭教師」「浪人することについて」「勉強しなさい」「おけいこごと」「家事をしなさい」の6項目について母親・父親それぞれの対応を尋ねている。「勉強しなさい」や「おけいこごと」などでは異性のきょうだいとの違いはあまりみられなかった。しかし、女子学生からみると、「家事をしなさい」については明らかに男女差があり、文系女子学生では、母親から「違いあり」が70％近く、理系女子学生も50％近かった。父親からも文系女子では「違いあり」が40％を超えており、理系女子では30％近かった。一方、この項目について男子学生からみると、文系、理系とも母親から「違いあり」とするのは30％台であり、父親からは20％台と女子学生に比べ低かった。

男子学生の回答で「違いあり」が高かったのは、「大学進学について」と「浪人することについて」であった。文系男子学生については「大学進学について」に姉妹と「違いあり」は40％を超えており、理系男子学生も40％近くが「違いあり」としている。父親からも文系男子で40％近く、理系で30％近かった。一方、女子学生については母親からの「違いあり」は文系で20％台、理系で10％台と少なかった。男子学生からみると、姉妹は大学進学をしなかったけれど、自分は大学に行かせてもらったということになるのだろう。現に大学生である女子学生にとっては、女である自分も兄弟も違いはなく、大学に進学しているということだろう。「浪人することについて」も同じように、男子学生

は文系・理系とも母親からの「違いあり」が30％を超えているが、女子学生は文系・理系とも母親からの「違いあり」がそれぞれ20％台であった。父親からの「違いあり」の回答についても男子学生は文系・理系とも30％を超えているが、女子学生は文系・理系とも20％台と、男子学生と女子学生では親の態度の受け取り方が異なる。

最近は子どもの数が少なくなり、女姉妹だけ、あるいは一人っ子の家庭も多くなっているので、子どもの性によって、しつけや養育態度に違いが少なくなっている。しかし、家事をすることや、大学進学などについては、まだまだ性による対応の違いがあるようである。子どももそれを敏感に感じ取っている。

家庭という日常生活の場で、何気なく行われていることや発せられる言葉は意識せずに繰り返されるだけに、子どもたちにとっては「そういうものなのだ」という意識を植え付けられやすい。以前行った小・中・高校・大学生の男女に対する性別役割分業に関する調査でも親の態度や言葉から男女の役割分業を学んでいる例がみられた[5]。親をはじめとするおとなたちは、その点を意識して行動していくことが重要である。

3. 学校での男女共同参画

1）女性教員の比率

学校における男女共同参画の実態を明らかにするために、まず、教員の男女比をみてみよう。2010（平成22）年度の文部科学省「学校基本調査」をみると、女性教員の割合は小学校では65.2％、中学校は42.1％、高校は27.7％と上の学校へ行くに従って女性の割合は低くなっている。大学では、講師は28.3％、准教授20.4％、教授12.5％と上級職ほど女性の割合は低い。女性管理職の割合はさらに低くなっている。女性校長の割合は、2010年度で小学校18.4％、中学校5.3％、高校5.6％であった。女性教頭も、小学校21.3％、中学校7.8％、高校7.3％であった（文部科学省、2011年）。小学校の教員は女性教員が6割以上を占めているにもかかわらず、管理職になる女性は少ないのが現状である。

村松泰子らの研究によれば、高校の中でも公立高校の女性校長はさらに低い割合である（2008年に4.3％）。ところが、奈良県では奈良県男女共同参画計画（第2次）で「校長、教頭職への女性教員の登用推進」が具体的な施策目標としてあげられており、2005（平成17）年には女性校長が0％だったのが2008（平成20）年には10.8％となり、全国で女性校長比率が最も高くなっている（村松他、2010年、89頁）。自治体の男女共同参画計画によって、このような効果が出ている例もある。国の「第3次男女共同参画基本計画」の第11分野では「初等中等教育機関の校長・教頭などにおける女性の登用について、都道府県教育委員会等に対して、『2020年30％』の目標の達成に向けた具体的な目標を設定するよう働きかける」を具体的施策としてあげている。他の自治体でもこの施策が実施できれば、日本の学校の男女共同参画状況もかなり改善されるのではないだろうか。小学校、中学校、高校における女性校長の増大は子どもたちに

図表 2-1　本務教員総数に占める女性の割合

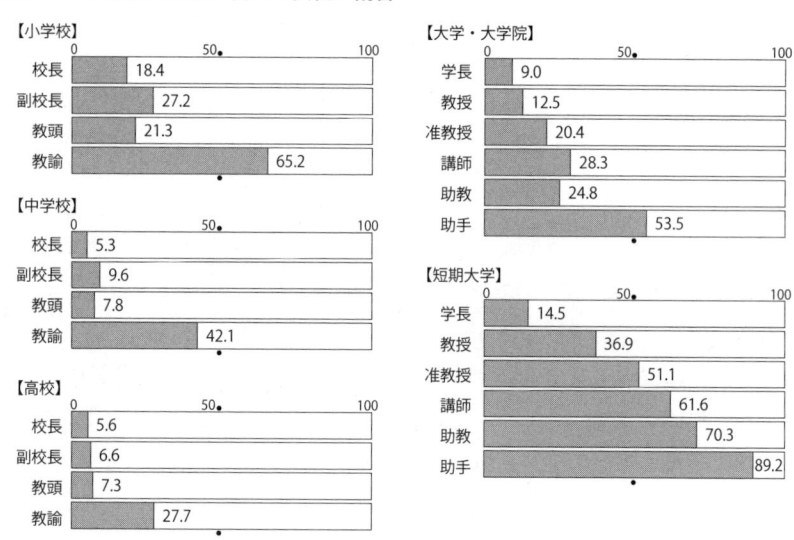

【小学校】
- 校長　18.4
- 副校長　27.2
- 教頭　21.3
- 教諭　65.2

【中学校】
- 校長　5.3
- 副校長　9.6
- 教頭　7.8
- 教諭　42.1

【高校】
- 校長　5.6
- 副校長　6.6
- 教頭　7.3
- 教諭　27.7

【大学・大学院】
- 学長　9.0
- 教授　12.5
- 准教授　20.4
- 講師　28.3
- 助教　24.8
- 助手　53.5

【短期大学】
- 学長　14.5
- 教授　36.9
- 准教授　51.1
- 講師　61.6
- 助教　70.3
- 助手　89.2

（備考）文部科学省「学校基本調査」（平成22年度）より作成
（出典）内閣府「平成23年版　男女共同参画白書」

とって女性管理職の身近なロールモデルとなることは確かである。

　大学の学長の女性割合も低く9.0％であるが、中学校、高校の校長の女性割合よりは高い。これは女子大があるためと考えられる。短期大学では学生も女子が中心であり、教員の女性割合も高校より高く、講師61.6％、准教授51.1％、教授36.9％となっている。短大の学長も女性割合が14.5％と小学校の校長割合に次いで高くなっている。

2）教室の中の男女共同参画

　学校の授業中はどうだろうか。普段何気なく使っている国語の教科書なども、出てくる主要人物は男性が多かったり、女性が出てきてもいつも助けられる役まわりだったりする。社会科の教科書も最近はかなり男女平等に改善されたが、外で働いているのは男性ばかり、女性が働いているのは家庭の延長である小さい子どもの世話をする保育士さんや病気の人をケアする看護師さんという描かれ方をし、知らず知らずのうちに「男は仕事、女は家事」という考え方を学んでいく。制度上のカリキュラムは男女同一になっているが、見えないところで伝統的な性別役割分業が当然のこととして押しつけられていく。これを「かくれたカリキュラム」という。科学の問題なども女性にとって関心のある産後の産褥熱の例題では女子の正答率が男子より高かったということである[6]。

　授業中の男女の役割については、中学生の理科実験での役割に関して、東京都内公立の共学校の1年生男女と私立の女子校1年生を比べてみると（図表2-2）[7]、共学校の男子は「実験器具を使って、実験の中心となった」が41.0％と最も高いのに、共学校の女子は「実験器具にさわったが、中心ではなかった」が42.8％と最も高くなっている。「記録を担当した」女子は14.8％と男子の2.8％に比べ高くなっており、男女の役割が分かれている。それに対し、女子校では共学校の男子同様「実験器具を使って、実験の中心となった」が39.2％と最も高くなっている。女子も男子がいなければ、「実験の中心」となるのである。実験の中心となって実験をするのと中心でない場合とでは、実験の理解度も理科のおもしろさもかなり違うと考えられる。先に述べた小・中学生の頃の理科嫌いもこのようなことが関係しているのかもしれない。

図表 2-2 理科の実験での役割

(%)

	学校種別	共学校男子	共学校女子	女子校
	実数 (人)	498	460	352
1	実験器具を使って、実験の中心となった	41.0	23.7	39.2
2	実験器具にさわったが、中心ではなかった	36.5	42.8	36.1
3	実験の準備や片づけだけした	7.6	10.9	6.5
4	記録を担当した	2.8	14.8	12.8
5	見ていた	12.0	7.8	5.4

(出典) 藤原千賀「共学・別学のジェンダー・バイアス」　東京都内中学1年生　1999年調査結果

　ところで、最近は中学校から男女別学に通う傾向が増加しつつあるが、男女別学で学ぶとどのようなメリットがあるのだろうか。女子校では男子がいないので、先に述べた理科の実験などで女子が中心的な役割を果たすようになる。また、好きな科目についても女子校と共学校の女子とでは違いがあった（図表2-3）。共学校の女子の好きな科目は音楽、国語であるが、女子校では共学校の男子と同じく体育、数学が好きな科目であった。女子校では自由に好きな科目があげられるが、共学校では男子を気にしてか、女性らしいとされる音楽や国語という科目を選択するのかもしれない。科目の好き嫌いは、大学の専攻分野選択にも影響する。

　女子校では、重たいものも女子たちだけで運ばざるを得ない。リーダー的役割も女子が担いやすい。その結果、共学校では埋もれがちであった彼女たちの能力を引き出すことになる。このように、共学校では能力を伸ばしきれない女子たちにとっては別学も有効といえるだろう。しかし、同年代の男性がそばにいない環境では男女のあり方に対し、ステレオタイプ（型にはまった思考様式）でみてしまう危険性がある。男女共同参画の視点から考えると、別学にはやはり偏りがある[8]。

図表 2-3 好きな教科（中学 1 年女子）

(%)

	実数(人)	英語	数学	国語	理科	社会	体育	美術	音楽	技術・家庭
共学女子	464	54.1	28.9	37.7	29.3	26.3	56.0	49.8	64.4	30.4
女子校	355	56.6	40.8	24.8	35.2	28.7	58.3	50.7	40.3	30.1

〈参考〉共学校男子

(%)

	実数(人)	英語	数学	国語	理科	社会	体育	美術	音楽	技術・家庭
共学男子	492	41.5	47.8	25.2	35.0	33.5	74.0	39.4	33.5	36.6

東京都内中学 1 年生　1999 年調査結果

(出典) 藤原千賀「共学・別学のジェンダー・バイアス」

3）男女混合名簿と男女平等教育

男女混合名簿と男女平等教育は関係があるのだろうか。

2000（平成 12）年の東京都教育庁の調査によると、東京都の小学校の混合名簿実施率は 46.6％、中学校は 10.3％、高校は 71.4％であった。その後、「平成 17 年　第 17 回　東京都教育委員会定例会会議録」によれば、全日制の高校では 93.8％が混合名簿を使用しているとのことである（東京都教育委員会、2005 年）。高校では 9 割で混合名簿化が進んでいた。しかし、東京都教育委員会から「男らしさや女らしさをすべて否定するような誤った考え方としてのジェンダーフリーに基づく男女混合名簿が作成されることがないよう」という指導を受け、東京都の小学校・中学校・高校では男女混合名簿の作成率が下がっているとのことである（同上）。東京都のある市の教育委員会では、「男女平等参画推進計画実績評価」において「男女混合名簿実施」について、「校長の権限と責任における出席簿の作成」を取組計画としており、「男らしさや女らしさをすべて否定する考え方に基づいた名簿を作成することがないよう、引き続き校長に依頼していく」と回答している[9]。東京都の教育委員会の指導で、混合名簿化は明らかに後退している。

男女混合名簿は東京都教育委員会の指導のように、男らしさや女らしさをす

べて否定するような考え方に基づいているのだろうか。大学では共学校の場合、混合名簿が一般的である。大学で行っている混合名簿に何の不都合があるのだろうか。以前は、学校給食費の補助金が男女で違っていたため、男女が混合した名簿では計算するのに不便であるといわれた。現在は、その補助金も男女同一になり、計算上問題はなくなった。しかし、健康診断の際、男女別に実施するのに不便であるという。それならば、健康診断のときだけ男女別名簿を作ればいいのではないだろうか。

　それ以上に男女で分けることの方が問題である。「まず女と男を分ける。するとなぜか『男が先』になり、それだけでなく、分けた女と男に違った対応をするようになる。学校生活のあらゆる場面で、この男女別システムが機能する」（川合、1997年、17頁）と、男女混合名簿を初めて実施した東京都国立市の先生は書いている。男女別名簿では、出欠をとるときだけでなく、入学式や卒業式などの学校行事でもいつも男が先、女は後になる。国立市の小学校教員の川合真由美は「ホンノ思いつきで」（川合、1997年）男女別名簿で「男が先」から「女が先」に変えてみたところ次のような反応があったという。男の子たちから「いつも女子が先はずるいよ」と文句が出たのである。女の子たちはこれまで長い間いつも男より後でも不公平だといわなかった。女の子は男が先ということに生まれてからずっと慣れてしまい、それを当然のこととして受け止めてきたのであろう。これが「かくれたカリキュラム」である。一方で、女の子より先であることを求められている男の子は不得意なことでもいつも女の子より先にやらなければならないというプレッシャーを受けているにちがいない。また、男女別名簿は分けなくてもよいことまで男女に分けて比較するという弊害を生み出している。

　国立市では男女混合名簿にしたとき、同僚の先生からもいろいろと批判があったとのことである。「名簿順なんてそんな小さいことどうでもよいのではないか」「そんなことよりもっと男女平等についてやることがあるのではないか」と。確かに、名簿順は小さなどうでもよいことにみえる。しかし、たいしたことでないならば、なぜ、混合名簿がなかなか進まないのだろうか。それはこれまで行われてきた男が先、女が後という慣習に反するからではないだろう

か。国の「第3次男女共同参画基本計画」でも基本的施策の方向の第2分野として「男女共同参画の視点に立った社会制度・慣行の見直し、意識改革」を目標にあげている。名簿というたいしたことでないことでも、毎日行われているうちに、それが当然のことにみえてくる。人が慣れ親しんできたことを変えるのは難しいのである。「たかが名簿、されど名簿」（男女平等教育を進める会、1997年、286頁）なのである。

　家庭においても、学校においても、また社会においても、何気なくしていることを男女平等の視点で見直し、おとなたちの行動や言葉が子どもたちにどのような影響を与えているか考慮していくことが大事である。

4. なぜ、教育・学習の男女共同参画が必要か

　日本では、公式には識字率は100％近いといわれている。しかし、海外からの移住者をはじめとしてさまざまな理由で学校に行けず、満足に義務教育を受けられなかった人たちがいる。中でも女性たちはより厳しい状況におかれている。国の「第3次男女共同参画基本計画」では施策の基本的方向として「男女共同参画を推進し多様な選択を可能にする教育・学習の充実」をあげ、基本的考え方として「男女が主体的に多様な選択を行うことができるよう、人生を通じたそれぞれの段階におけるライフスタイルに応じたきめ細やかな支援を行うとともに、女性の能力や活力を引き出すため、女性のエンパワーメントを促進する」としている。

　教育は男女がともに自立した人間として生きていく力を身に付けるために重要な役割を果たしている。たとえば、文字が読めないと電車に乗っても降りる駅が読めない、情報を得る機会が少なく、就業の機会も少ないなど、さまざまな不利益がある。文字が読めれば文字から情報を得ることができ、環境や衛生に関する知識も向上し、生活のゆとりも生まれる。自分の生き方を決める自己決定権を確保するためにも教育は必要な条件なのである。

　また、社会は男女をはじめとして多様な人々で成り立っている。そうした多

様な人々が一緒に学ぶことで、多様な考え方を提供しあうことができ、発想が豊かになる。それは、さまざまな立場の人に対する理解を深めることにもつながる。男女がともに学ぶことは、社会構造が複雑になっている今日、社会で噴出する多様な問題に関してもよりよい解決方法を導き出すことができる一つの方策といえよう。

　これまでみてきたように、教育における機会の平等と同時に結果も平等になるように、すべての人々が望む教育を受けられるような社会システムを構築していかなければならない。

注
1) 内閣府大臣官房政府広報室『男女共同参画社会に関する世論調査』(平成21年10月調査)。
2) 内閣府『第3次男女共同参画基本計画』(平成22年12月17日) 101頁。
3) OECD (経済協力開発機構) による学習到達度調査 (PISA) は15歳児 (高校1年生) を対象に読解力、数学的リテラシー、科学的リテラシーの3分野について調査している。2000 (平成12) 年に第1回の調査が実施され、その後3年ごとに調査を行っている。2009 (平成21) 年調査は第4回目。
4) 村松泰子他『女性の理系能力を生かす』日本評論社、1996年より。これは1993年、94年に首都圏大学生に行った調査を基にしている。
5) 藤原千賀「日本における青少年の性別役割分業観―東京都中野区の青少年を中心に―」『民族学研究』第48巻第4号、1984年、491〜504頁。
6) PISA (注3参照) 2000年の科学的リテラシー問題で産後の産婦の産褥熱に関する例題があり、女子の正答率が男子より高かった。
7) この研究は、1999 (平成11) 年から3年間の文部科学省科学研究費 (研究代表、東京学芸大学・村松泰子) による研究「学校教育におけるジェンダー・バイアスに関する研究」の一部として、東京都公立中学校10校と私立女子中学校2校に行った調査結果を基にしている。
8) 藤原千賀「共学・別学のジェンダー・バイアス―理科教育からみた共学校・女子校―」『武蔵野大学現代社会学部紀要』第5号、2004年、163〜172頁。
9) 西東京市「男女平等参画推進計画平成21年度各課実績評価」の回答より。西東京市では、市立の小学校19校中10校が男女混合出席簿、中学校は男女別出席簿となっている。

参考文献
川合真由美「すべては『私』から始まる」男女平等教育をすすめる会編『どうして

つも男が先なの？　男女混合名簿の試み』新評論、1997 年、11 〜 37 頁
男女平等教育をすすめる会編『どうしていつも男が先なの？　男女混合名簿の試み』
　新評論、1997 年
東京都教育委員会「平成 17 年　第 17 回　東京都教育委員会定例会会議録」2005 年
東京都生活文化局『東京の男女平等参画データ 2001』東京都、2001 年
内閣府『平成 23 年版　男女共同参画白書』2011 年
藤原千賀・猪飼美恵子「ジェンダーと教育」村松安子・村松泰子編『エンパワーメン
　トの女性学』有斐閣、1995 年
藤原千賀「共学・別学のジェンダー・バイアス―理科教育からみた共学校・女子校―」
　『武蔵野大学現代社会学部紀要』第 5 号、2004 年、163 〜 172 頁
村松泰子他『女性の理系能力を生かす』日本評論社、1996 年
村松泰子他『理科離れしているのは誰か』日本評論社、2004 年
村松泰子他「公立高校の女性管理職に関する研究―管理職の現状分析―」『国際ジェ
　ンダー学会誌』第 8 号、国際ジェンダー学会、2010 年、81 〜 97 頁
文部科学省「学校基本調査」2011 年
文部科学省国立教育政策研究所「OECD 生徒の学習到達度調査〜 2009 年調査国際結
　果の要約〜」文部科学省、2010 年

第 3 章
就労分野の男女共同参画

1. 日本の働く男女の状況

日本では、かつて「男は仕事、女は家庭」という社会通念があった。とくに高度経済成長期以降、生産の効率を求めて就労分野は男中心、女は手伝い、補助でよいとされてきた。しかし、少子高齢化が進んでいる今日、女性労働力の積極的な活用が重視されてきている。現状の日本では、就労分野の男女共同参画は進んでいるのだろうか。まず、日本の働く男女の実態をみてみよう。

1) 労働力人口

就業の実態に関しては、日本ではいくつかの政府統計があり、統計により名称や就業のとらえ方が異なる。ここでは、毎月調査を行い年間集計をしている総務省統計局の「労働力調査」[1]を中心にみていきたい。

「労働力調査」では、就業者と完全失業者の合計を「労働力人口」ととらえている。2010（平成22）年の女性労働力人口は 2,768 万人で前年より 3 万人減少している。男性の労働力人口は 3,822 万人で前年より 25 万人減少している。女性は男性より 1,054 万人少ない。過去にさかのぼってみると、女性は 1970（昭和45）年に 2,024 万人だったのが、5 年後の 1975（昭和50）年に 1,987 万人に減少している。これは 1973（昭和48）年の第 1 次オイルショックの影響によるもので、男性にはこのような減少はみられない。オイルショック当時は女性を解雇することで、雇用調整を図ったのである。しかし、その後女性の

労働力人口は徐々に増加し、バブル崩壊後の2002（平成14）年、03年に減少したものの1995（平成7）年以降2,700万人台を維持している。
　労働力人口の15歳以上人口に対する割合を労働力率という。2010（平成22）年の女性労働力率は48.5％で前年と同じである。男性の労働力率は71.6％で前年より低くなっている。といっても、2010年の女性労働力率は男性に比べかなり低い。女性は男女合わせた労働力人口の42.0％を占めている。日本の男女の就労割合は女性：男性＝約4：6となっている。労働力率は1960（昭和35）年に比べると、男女とも低くなっている（1960年女性54.5％、男性84.8％）。とくに男性の労働力率は13.2％も落ち込んでいる。これは母数である15歳以上人口が増加したことと、男女ともかつては中卒後すぐに働いていたが、最近では高校、大学への進学率が高くなったためである。また、65歳以上の非労働力人口が増大したことも一因である。
　15歳以上と25〜54歳層の男女別労働力率の推移をみると、女性は15歳以上では緩やかな低下を示しているが、男性の15歳以上ではこの4半世紀に10％ほど低下している。一方、女性の25〜54歳層では1975（昭和50）年の国連の国際女性年以降10％以上の上昇を示しているが、男性の25〜54歳層ではあまり変化がない。男性は全体に労働力人口が減少してきているが、女性は25〜54歳層で労働力人口が増加してきているということを示している。
　非労働力人口については、女性は2010年に2,941万人、男性は1,512万人である。その主な活動状態別構成比をみると、女性は家事が54.5％（1,602万人）、通学10.9％（322万人）、その他34.6％（1,017万人）である。男性は家事が3.5％（53万人）、通学24.9％（376万人）、その他71.6％（1,083万人）である。人数からみると通学とその他は、男性の方が女性より50〜60万人多くなっている。その他には高齢者が分類されている。非労働力人口は1960（昭和35）年に比べると、女性は1,415万人、男性は1,040万人の増加である。高齢者が増えたことと後に述べるように、男女とも定年がない農業従事者から定年のある雇用者が多くなり、非労働力人口が増加したからであるといえよう。

2）完全失業者

失業者に関して日本の労働力調査では、月末1週間内に仕事がなくて求職活動をした者を「完全失業者」[2]と呼んでいる。たとえ、調査期間の2週間前に求職活動をしても調査期間の1週間内に求職活動をしていなければ、非労働力人口に分類され失業者ではなくなる。米国では求職活動期間を長くとらえており、過去4週間以内の求職活動者を失業者と呼んでいるため、失業者の割合が高くなる。そのため、米国などに比べて、日本では失業率が低く出るといわれていた。しかし、この数年日本でも完全失業率が高い状態が続いている。それだけ失業者が増えているということである。

2010（平成22）年の女性の完全失業者は127万人、男性は207万人、男女合わせて334万人に上る。完全失業者の労働力人口に対する割合で表す完全失業率は、2010年女性は4.6％、男性は5.4％、男女合わせて5.1％である。2008年〜2009年にかけて男女とも失業率が急に高くなった。これは2008年秋のリーマン・ショック後の景気後退による影響と考えられる。日本の完

図表 3-1　男女別完全失業率の推移

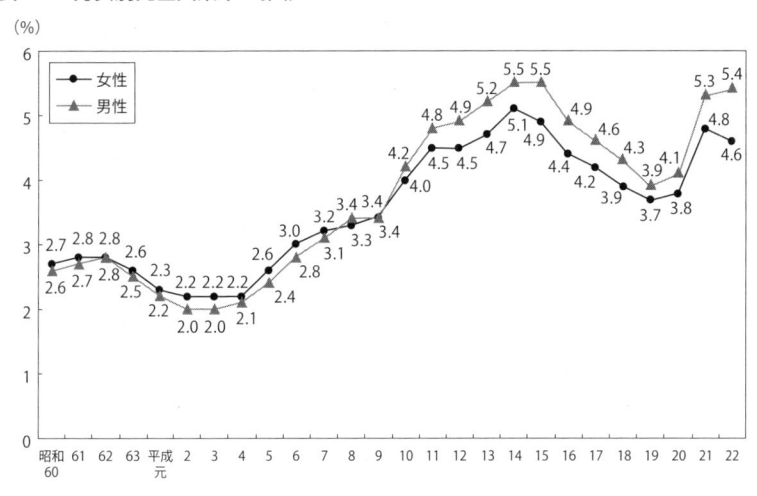

(資料出所) 総務省統計局「労働力調査」
(出典) 厚生労働省雇用均等・児童家庭局編『平成22年版　働く女性の実情』

第3章　就労分野の男女共同参画　41

全失業率は2％台が続いていたが、1995（平成7）年に3％を超え、1998（平成10）年以来4～5％が続いている（図表3-1）。2010年の完全失業率を15歳から5歳区分の年齢階級別にみると、男性の15～19歳、20～24歳層の若年層で高い失業率を示している。若者が仕事に就けない状況を示している。女性の失業率が男性に比べて低いのは、パート労働を解雇された主婦が求職活動をせずに非労働力人口（潜在失業者）の扱いとなっているためと考えられる。

3）雇用されて働く男女の増加

次に、日本の男女の従業上の地位についてみてみよう。「労働力調査」では従業の地位について、農業、家内工業、商業などを自分が経営者として営業している場合を「自営業主」、自営業に家族として従事している場合を「家族従業者」、会社などに雇われて働いている場合を「雇用者」と分類している。2010（平成22）年の女性の働き方は、雇用者がほとんどで、88.2％を占める。家族従業者は5.9％、自営業主は5.5％である。男性は雇用者が86.7％、家族従業者が0.9％、自営業主が12.0％である。1940（昭和15）年の統計をみると、女性は家族従業者が59.6％と半数以上を占め、自営業主が10.0％、雇用者は30.4％にすぎなかった。男性は同じ年に自営業主36.9％、家族従業者14.1％、雇用者49.0％であった。女性は1970（昭和45）年に雇用者の割合が54.7％と半分以上になって以来、雇用者の割合が増加している。かつては男女とも家族従業者、自営業主として農業に従事している人が多かったが、現在は大部分が雇用者である。

「従業上の地位別就業者数」をみると、2010（平成22）年の農林業就業者数は女性97万人、男性137万人、男女合わせて234万人である。これは全産業就業者の3.7％に当たる。ちなみに、1980（昭和55）年の農林業就業者数は男女合わせて532万人で全産業の9.6％であった。現在はその半分以下である。

2007（平成19）年の雇用者を産業別にみると（図表3-2）、女性は卸売・小売業に多く、次が医療・福祉、サービス業である。2007年に日本標準産業分類の改定がありサービス業が細分化されたため、2010（平成22）年の産業別女

性雇用者の占める割合は卸売業・小売業20.5％、医療・福祉20.7％、製造業12.5％などとなっている。男性は2010年に製造業22.5％、卸売業・小売業14.9％、建設業11.0％などとなっている。雇用者に占める男女別割合をみると、女性は医療・福祉、宿泊業・飲食サービス業、教育・学習支援業などで高くなっている。産業の高度化に伴いサービス経済化が進み、女性に対する労働需要が高まっている。

　2010年の雇用者を職業別にみると、女性は「事務従事者」の割合が高く、次は「専門的・技術的職業従事者」である。看護師、保育士、保健師などのいわゆる女性専門職が多いからである。3番目は「保安・サービス職業従事者」が多い。一方、男性は「製造・制作・機械運転及び建設作業者」が最も高く、

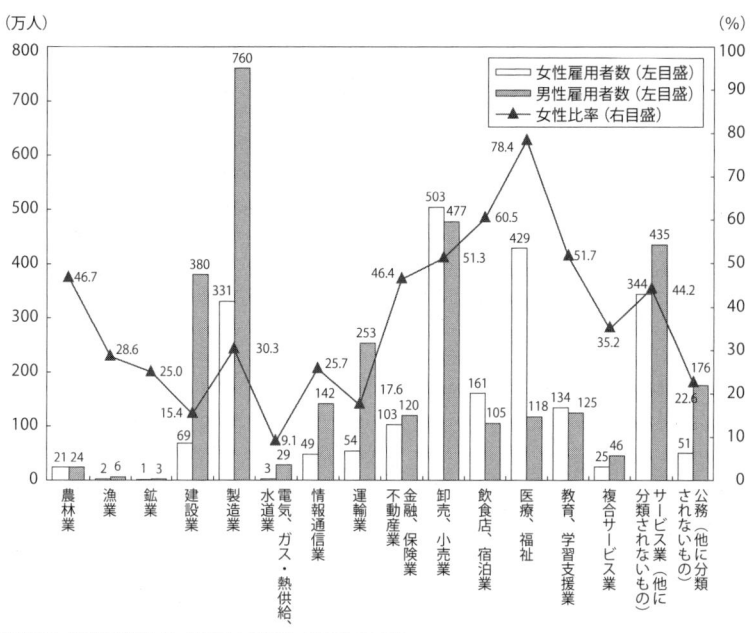

図表3-2　産業別女性雇用者数および女性比率

（資料出所）総務省統計局「労働力調査」（平成19年）
（出典）厚生労働省雇用均等・児童家庭局編『女性労働の分析　2007年』

次は「事務従事者」である。事務従事者は男性も多いが、女性の方が多く、女性の占める比率は59.8％になっている。

2. 就労分野における男女の違い

1）男女の賃金格差

就労分野においては、男女にどのような違いがあるのだろうか。

厚生労働省「賃金構造基本統計調査」（企業規模10人以上）で男女の賃金格差をみてみると（図表3-3）、2010（平成22）年の女性一般労働者の正社員・正職員のきまって支給する現金給与額は26万1,800円、所定内給与額は24万4,000円であった。男性はきまって支給する給与額は37万1,200円、所

図表3-3 一般労働者の正社員・正職員の賃金実態

	きまって支給する現金給与額		年間賞与その他特別給与額	所定内実労働時間数	超過実労働時間数
	（千円）	所定内賃金（千円）	（千円）	（時間）	（時間）
男女計	340.0 (335.6)	311.5 (310.4)	886.1 (1,000.2)	165 (165)	13 (11)
女性	261.8 (261.8)	244.0 (244.8)	652.1 (699.1)	164 (164)	8 (7)
男性	371.2 (366.0)	338.5 (337.4)	979.4 (1,124.2)	166 (165)	15 (13)

（資料出所）厚生労働省「賃金構造基本統計調査」（平成22〔2010〕年）
（注）1.「一般労働者」は、常用労働者のうち、短時間労働者以外の者をいう
　　 2.「短時間労働者」は、常用労働者のうち、1日の所定内労働時間が一般の労働者よりも短い、または1日の所定労働時間が一般の労働者と同じでも1週の所定労働日数が一般の労働者よりも少ない労働者をいう
　　 3.「正社員・正職員」は事業所で正社員、正職員とする者をいい、「正社員・正職員以外」とは、正社員・正職員に該当しない者をいう
　　 4. 企業規模10人以上の結果を集計している
　　 5.（　）内は前年の数値である
（出典）厚生労働省編『平成22年版　働く女性の実情』

定内給与額は 33 万 8,500 円で、一般労働者の正社員の男女賃金格差は男性を 100.0 とした場合、女性はきまって支給する現金給与額では 70.5、所定内給与額では 72.1 であった。所定内給与額とは、きまって支給する現金給与額から超過労働給与額を引いた額で、男女格差は少し縮小する。所定内給与額の男女格差は年々縮小傾向にあるが、女性は平均して男性の 7 割しか給与を得ていない。これは男女正規職員の比較なので、女性に多い非正規職員の賃金を含めて計算すると、格差はさらに広がる。ちなみに、ILO（国際労働機構）の資料から外国の労働者の男女賃金格差を男性 100.0 としてみると、オーストラリア 85.9（2006 年）、オランダ 81.5（2005 年）、イギリス 80.2（2008 年）、フランス 74.1（2002 年）、韓国 63.9（2007 年）であった（厚生労働省雇用均等・児童家庭局、2010 年、212 頁）。

男女賃金格差の要因としては、女性は勤続年数が短いからといわれるが、2010（平成 22）年の正社員・正職員の平均勤続年数は女性 9.7 年、男性 13.8 年で、4 年の差であり、それほど大きな差とはいえない。『平成 22 年版　働く女性の実情』によると、むしろ、管理職であるかそうでないかなどの職階の差が大きいという。職階の違いを調整すると男女間の賃金格差は男性 100.0 とすると女性は 80.9 になるとのことである（厚生労働省雇用均等・児童家庭局、2011 年、27 頁）。今後、女性管理職が増えていけば、格差が縮小することが期待できる。初任給の男女間格差は高卒で 95.3、高専・短大卒で 96.9、大学卒事務系で 95.6、大学卒技術系で 99.9 とそれほど大きな差ではないが、職業生活のスタートから男女差があることを示している。

労働時間については、所定内実労働時間数は女性 164 時間、男性 166 時間で 2 時間の差であるが、超過実労働時間数では女性 8 時間、男性は 15 時間で 7 時間の差がある。これが、きまって支給する現金給与額の差となっている。

2）女性労働はM字型労働

女性の労働力率を 15 歳から 5 歳区分の年齢階級別にみると、30 歳代後半で 66.2％と低くなる。この年齢は育児期に当たり、子どもの手が離れた年齢層では女性の労働力率は 7 割台に回復する。それをグラフに描いてみると、

M字型になる。一方、男性の労働力率は20代後半から50代までほぼ変わらず90％を超えており、台形を描いている。しかし、図表3-4をみると、女性の20代後半から50代までの労働力率は2009（平成21）年、2010（平成22）年では35～39歳代が最も低くなっているが、10年前の2000（平成12）年では30～34歳代が最も低くなっている。さらに時代をさかのぼると、1975（昭和50）年以前では25～29歳代で最も低くなっている。2000年と2010年を比べてみると、労働力率の落ち込み方にも違いがあり、2000年には労働力率の底は5割台だったが、10年には6割台になっている。労働力率が上がって、女性の働き方も男性の働き方に近づいているようにみえる。

　女性の年齢階級別労働力率の上昇については、未婚者の増大を指摘する声が強い。『平成22年版　働く女性の実情』によれば、1990年から2010年までの20年間の労働力率の変化を就業率が上昇した「30～34歳」と「25～29歳」について、配偶関係の効果と有配偶者の労働力率の上昇効果でみると、初めの10年間では「30～34歳」は未婚率の上昇（1990年12.9％→2000年24.7％）[3]が大きく、有配偶者の労働力率（1990年44.3％→2000年42.4％）はむしろ10年間で低下している。「25～29歳」でも、有配偶者の労働力率の上昇（1990年39.3％→2000年41.4％）よりも、未婚率の上昇（1990年39.8％→2000年52.4％）が大きく寄与している。後半の10年間については、「30～34歳」では未婚率の上昇（2000年24.7％→2010年32.9％）も大きいが、有配偶者の労働力率の上昇（2000年42.4％→2010年52.0％）がさらに高くなっている。「25～29歳」についても未婚率の上昇（2000年52.4％→2010年59.7％）もあるが、有配偶者の労働力率の上昇（2000年41.4％→2010年50.4％）による効果が大きい。以上の通り、前半10年間は配偶関係構成上の変化が大きく、後半は有配偶者の労働力率の上昇などによる変化効果が労働力の上昇に大きく寄与している（厚生労働省雇用均等・児童家庭局、2011年、46～49頁）。つまり、有配偶女性も働くようになったのである。しかし、その働き方は男性と比べるとどうだろうか。

　「労働力調査特別調査」[4]から「末子の年齢別子供のいる世帯における母の就業状態」について、2000（平成12）年と2010（平成22）年を比較してみると、

図表3-4　女性の年齢階級別労働力率

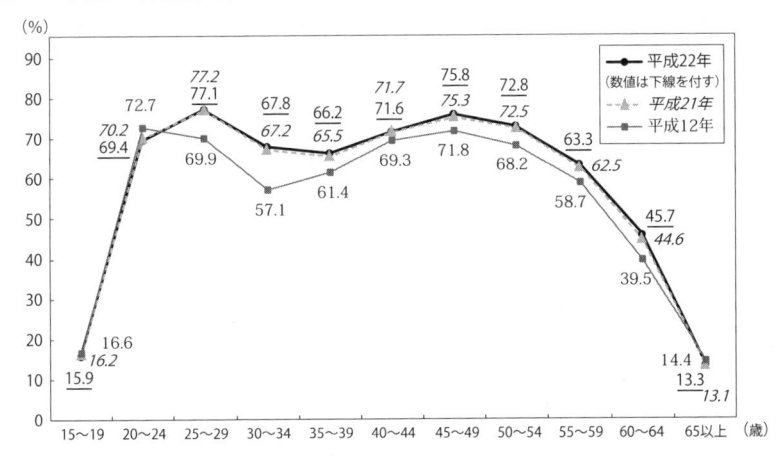

(資料出所) 総務省統計局「労働力調査」(平成12、21、22年)
(出典) 厚生労働省編『平成22年版　働く女性の実情』

　0～3歳の子どものいる世帯で母親の労働力人口は、2000年には28.0％であったが2010年には39.8％と約12％高くなっている。4～6歳の子どものいる世帯は48.6％から55.7％に伸びている。有配偶であるだけでなく子どものいる母親の労働力率が高くなっている。中でも35時間未満の働き方が、11.4％から22.5％（0～3歳）、20.2％から29.9％（4～6歳）と高くなっている（厚生労働省雇用均等・児童家庭局、2011年、142頁）。かつては、女性は子どもの手が離れたら、再就職するというものであったが、今や、出産後すぐにパートで再就職する女性が増えている。それだけ、夫ひとりの収入では暮らせない状況になっているともいえる。

3）非正規雇用の増加

　2008（平成20）年秋のリーマン・ショック以来、派遣労働者の突然の解雇などで非正規労働者の存在がクローズアップされた。「労働力調査」で「役員を除いた雇用者の雇用形態（勤め先での呼称による）」をみると、2010（平成

22）年に男女合わせて「非正規の職員・従業員」（以下「非正規職員」と略）は 1,755 万人で雇用者の 34.3％を占め、「正規の職員・従業員」（以下「正規職員」と略）は 3,355 万人、65.6％となっている。非正規職員が全体の 3 分の 1 を占める。

　女性の「非正規職員」は 1,218 万人で女性雇用者の 53.8％を占め、「正規職員」は 1,046 万人で 46.2％となっている。女性は正規職員より非正規職員の方が多いのである。過去にさかのぼってみると、女性は 2003（平成 15）年から正規職員より非正規職員の方が多くなっている。女性非正規職員が 1,000 万人を超えたのは 2002（平成 14）年からである。ちなみに、男性は「非正規職員」が 539 万人で 18.9％、「正規職員」は 2,309 万人で 81.1％である。女性は非正規職員が男性の 2 倍以上となっている。非正規職員の問題は女性問題なのである。

　非正規職員の内訳をみると女性は「パート・アルバイト」が 41.2％、「労働者派遣事業所の派遣社員」2.7％、「契約社員・嘱託」6.7％、「その他」3.2％となっている。リーマン・ショック後の雇用調整では派遣切りが問題となったが、女性の派遣社員は女性雇用者全体の 2.7％にすぎず、男女合わせても派遣社員は雇用者全体の 1.9％にすぎない。

　厚生労働省の「労働者派遣事業報告」によれば、2009（平成 21）年の派遣労働者数は約 157 万人で、登録型の派遣労働者を含むと約 302 万人となる。派遣労働者の雇用に関しては、「労働者派遣法」（1985 年制定、86 年施行、正式名称は「労働者派遣事業の適正な運営の確保及び派遣労働者の就業条件の整備等に関する法律」）によって規定されている。派遣労働とは、派遣元の会社が自己の雇用する派遣労働者を、別の派遣先に派遣し、その会社の指揮命令を受けて派遣先の労働に従事させることである。派遣労働は賃金が一般のパートに比べてかなり高く、自分の専門を生かし、自分で仕事を選べるため、若い女性にとって魅力のある働き方と考えられていた。対象業務については、初めは専門業務 13 業種に制限されていたものが、96（平成 8）年の改定で専門業務 26 業務に、99（平成 11）年の改定では原則自由化されたため、日雇い派遣、製造業派遣など労働者にとって不利な働き方にまで拡大した。そうした中で、賃金は下がり続け、派遣は企業にとって有利な働かせ方に、労働者にとっては不利な働き

方に変わっていった。「製造業の場合、派遣社員は工場の近くの寮などに寝泊まりして働くことが多い。工場は周囲に住宅の少ない不便な場所におかれることが多いため、通勤に便利な場所に働き手を囲い込んだ方が効率的だ」(竹信、2009年、15頁)という理由で、派遣先から寮が提供される場合があり、雇用を失うと同時に住まいも失うという状況が生み出され、「派遣切り」が問題となったのである。

とはいえ、非正規雇用の形態で最も多いのは、パート・アルバイトである。総務省統計局の「労働力調査」では、1週間の就業時間が35時間未満の雇用者を「短時間雇用者」としてとらえている。これは先に述べた「勤め先の呼称によるパート・アルバイト」の集計とは異なり、1週間の労働時間でとらえている。2010(平成22)年の短時間雇用者数は1,414万人で、前年より減っている。全雇用者に占める割合は26.6%である。そのうち女性は966万人で、68.3%

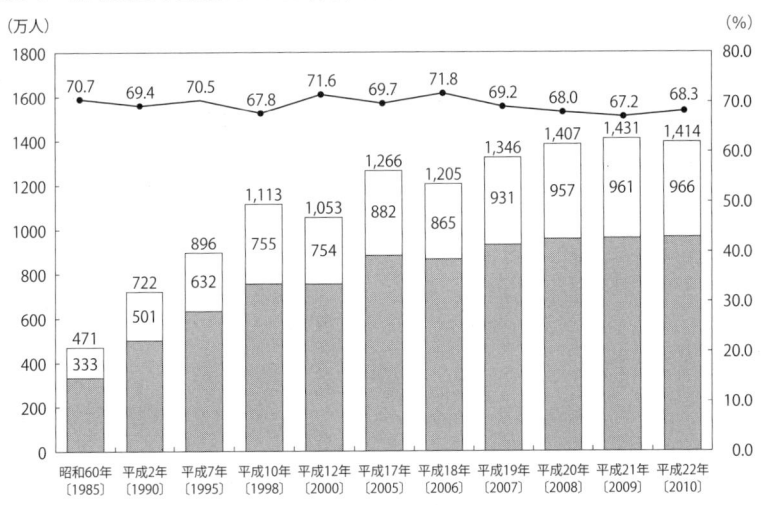

図表3-5　短時間雇用者数および短時間雇用者総数に占める女性割合の推移

(資料出所) 総務省統計局「労働力調査」
(注)「短時間雇用者」は、非農林業雇用者(林業者を除く)のうち、週間就業時間35時間未満の者をいう
(出典) 厚生労働省編『平成22年版　働く女性の実情』

を占める（図表3-5）。

　図表3-5をみると、1985（昭和60）年には471万人だった短時間雇用者が2010年には3倍に増加している。パート労働という働き方は1960年代から増加し始めた。高学歴化が進む中で、それまで単純労働を担ってきた若い労働者が不足してきたため、代わりに主婦たちを単純労働に雇用するようになったからである。主婦たちは夫の収入があるので、家計補助的に働けばよいとされ、いつでも首にできる上、低コストで使える。働く側としても都合のよい時間に、家事・育児・介護に差し障りのない範囲で働ける場として歓迎された。といっても、育児のために退職した中高年女性にとって、再就職先はパートしかないというのが実状であり、家事・育児・介護を全面的に引き受けた上での労働であった。パート労働者の増加に対応して、1993（平成5）年に「パート労働法」（正式名称は「短時間労働者の雇用管理の改善等に関する法律」）が制定された。

4）パート労働の問題点

　パート労働は都合のよい時間に働けて仕事の責任も少ないといわれるが、さまざまな問題を抱えている。パート労働というのは本来、「同じ事業所で働く通常の労働者より週の労働時間が短い者」を指す言葉である。しかし、実際は「パートタイマー」という呼称で正社員とほぼ同じ労働時間の「疑似パート」（フルタイムパート）が100万人以上いるといわれている。身分としてのパートで、労働時間が短いのではなく労働条件を正規職員と区別する呼称なのである。しかも、この人たちは「正規職員より労働時間の短いパート」を対象とする「パート労働法」の対象外なのである。まず、こうした人たちの待遇を正規職員と同一にしていかなければならない。

　パート労働で問題になるのは、正規職員との賃金格差である。厚生労働省の「賃金構造基本統計調査」によれば、2010（平成22）年の女性短時間労働者の1時間当たり所定内給与額は979円である。これに相当する女性一般労働者の時給は掲載されていないので、女性正規職員の所定内給与額と正規職員以外の女性の所定内給与額を比較してみると、正規職員を100.0とすると正規職員以外では70.0になる。年間賞与額ではさらに差が大きく、正規職員の21.1

にすぎない（厚生労働省雇用均等・児童家庭局、2011 年、34 〜 35 頁）。

　有給休暇は 6 か月以上勤務すれば労働日数に応じて、労働基準法によって保障されている。失業時に給付を受けられる雇用保険の加入についても、雇用期間 1 年以上 1 週間の所定労働時間が 20 時間以上あれば、対象となる。健康保険や厚生年金保険も所定労働時間、所定労働日数が同じ事業所の通常の労働者の 4 分の 3 以上であれば加入の対象となる。しかし、保険に関しては事業主側にも保険料の負担があるため、加入していない場合が多い。

　2008（平成20）年に「正規職員とパートの均衡待遇」を目指して、「パート労働法」が改正された。改正法には「通常の労働者と同視すべき短時間労働者に対する差別的取扱いの禁止」が規定された。仕事内容や仕事に伴う責任の程度が正規職員と同じで、雇用期間に定めのない「正規職員並パート」に対しては賃金などで正規職員と差別することを禁じている。また、「通常の労働者への転換」の制度作りも義務化された。

　オランダでは、労働者一人ひとりの労働時間を短縮し、正規職員の賃金を抑制して雇用できる人数を増やすというワークシェアリングの政策をとっている。雇用されたパート労働者は通常の労働者に比べて時間が短いだけで、時間当たり賃金やその他の処遇において正規職員との差別はない。雇用期間についても短期でなく、長期雇用という制度である。労働時間の増減も、働き手が選べる権利が保障されている。労働形態の変化に合わせて社会保障制度や税金も世帯単位の年金制度から個人単位へ変わっていったとのことである（竹信、2002 年、165 〜 191 頁）。日本でも、このような正規職員とパートの均衡待遇の実現が期待されている。

　最近では、パート労働者を店長などの管理職にする企業もある。パート全国ユニオンの委員長である鴨桃代は「パート労働は補助労働から基幹労働に変わって」（鴨、2007 年、8 頁）きているという。長く働いているパート労働者は新入社員より仕事のことがよくわかっており、パート労働者が新入社員の教育を任される場合もある。それでいながら、正規職員の方がパートより賃金が高いという仕事と賃金のアンバランスが生じている。そのため正規職員とパートの間で、職場の人間関係がうまくいかなくなる場合がある。日本でもパート労

働者を正規職員に登用する企業も出てきているが、まだ少ない。とくに中小企業では少ないのが現状である（鴨、2007年。本田、2010年）。

　日本では、パート労働がさまざまな点で正社員より不利であるにもかかわらず、主婦たちがパートの働き方を選択するのには理由がある。それは、税金や年金で主婦という立場が保護されているからである。第1章で紹介したように、国の「第3次男女共同参画基本計画」では「男女共同参画の視点に立った社会制度・慣行の見直し、意識の改革」をあげており、「男性片働きを前提とした世帯単位の制度・慣行から個人単位の制度・慣行への移行、男女が共に仕事と家庭に関する責任を担える社会の構築といった視点が重要である」と、世帯単位から個人単位への制度の変換を施策の基本的方向にあげている。

　具体的には、税金に関してパート労働者は給与所得控除の最低保障額（65万円）と基礎控除（38万円）の合計額103万円が非課税限度額になっており、これを超えると税金がかかる。その上、夫が配偶者控除を受けられなくなり税金が高くなる。夫の勤め先での配偶者手当もなくなる。そのため103万円を超えないように働く時間を減らして給与を少なくするパート労働者は多い。また、配偶者が健康保険・厚生年金保険の被保険者となっている場合、パート労働者の年収が130万円未満であれば、健康保険は被扶養者扱い、国民年金は第3号被保険者として年金保険料を支払わず、高齢になったときに年金を受け取ることができる。妻の収入を抑えることで、社会保障制度が有利に働き、それが女性たちの収入を低く抑える一因となっている。その結果、妻たちは一人前の労働者となれず、家庭責任を1人で担わざるを得ない状況におかれる。

3. 就労における男女共同参画の課題

　日本における就労分野の男女共同参画の状況をふり返ってみると、労働力率の男女比は女性4、男性6であるが、少子高齢化、高学歴化の進展によって非労働力人口が増加し、とくに男性の労働力率が低下しつつある。その一方で、

景気後退の影響で完全失業率は高くなっており、中でも男性若年層は高い失業率を示している。働き方としては、最近は農林業従事者が減少し、男女ともほとんどが雇用者である。

雇用の分野においては、かなりの男女格差があり、女性の正規職員の賃金は、男性を100.0とすると72.1である。以前に比べ少しずつ差は縮まっているものの、相変わらず格差は大きい。労働力率を15歳から5歳区分の年齢階層別にみると、日本の女性は育児期に仕事を離れ、M字型を描くといわれていた。しかし、最近では出産直後から仕事をする場合が多く、男性と同じような台形に近づいてきている。しかしその働き方は、パート労働が多く、家事・育児を担いながらの家計補助的就労となっている。女性パート労働の賃金は正規職員に比べ70.0と低く、男性正規職員に対しては、さらに格差が広がる。

非正規職員は1995（平成7）年に1,000万人を超え、就業者の2割を占めるようになった。とくに女性の割合は高く、2010年に非正規職員が53.8％と半分以上を占めている。中でもパート労働者が多い。最近は正規職員をパート労働者に代替する傾向が強く、企業もパート労働者に基幹労働者としての仕事を任す例も出てきている。また、仕事の経験も豊富な能力のあるパート労働者も増えている。パートという名前だけで、正規職員と差別的な扱いをすることは、かえってパート労働者のやる気をなくさせてしまうことになる。正規職員並の労働をするパートには、賃金や雇用期間などの面で、正規職員との均等な待遇が必要である。パート労働法でも通常の労働者と同じ仕事をする短時間労働者に対する均衡待遇の必要性を規定している。パート労働者が進んで能力を生かしていけるように、単位時間当たりの処遇を正規職員と同一にして、時間だけが短い短時間正規職員制度を確立していくことが重要である。また、パート労働者が仕事時間を税金や年金対策のためにセーブしたりすることがないように、社会保障制度などを世帯単位から個人単位に変更していくことが必要である。少子高齢化が進み、女性の労働力の活用が求められている今日、男女が社会における活動の選択を自由にできるようなシステムに変えていくことが必要である。

注
1) 「労働力調査」とは「国民の就業・不就業の状態を毎月把握することを目的に、総務庁統計局が実施する指定統計。(中略) 失業率は通常、労働力調査にもとづいて算出される。世帯を単位とする標本調査で、調査期間中(12月以外は毎月末に終わる1週間)の実際の活動状況にもとづいて就業状態を把握する(後略)」(『社会学小辞典』2001年)調査である。
2) 完全失業者については以下のような定義がある。「労働力調査によれば〈完全失業者〉とは、(1) 仕事がなくて、調査週間中に少しも仕事をしなかった者のうち、(2) 就業が可能でこれを希望し、(3) かつ仕事を探していた者、および仕事があればすぐに就ける状態で過去に行った求職活動の結果を待っている者と定義されている。(中略) 収入を伴う仕事をしていれば就業者、仕事がなくこれを探していれば失業者、仕事もせず、探してもいなければ非労働力人口として分類される。(中略) 個人の知識・技能に相応する雇用を得ていない就業を偽装失業、あるいはより広く不完全就業と呼ぶ (後略)」(『平凡社大百科事典』1985年)。
3) 総務省統計局『平成22年国勢調査 抽出速報集計結果』(2011年6月29日発表)の数値より。
4) 「労働力調査特別調査」は労働力調査の改正により、2002年より年平均の「労働力調査(詳細集計)」として公表されるようになった。したがって、2000年調査結果は「労働力調査特別調査」であり、2010年は「労働力調査(詳細集計)」。

参考文献
鴨桃代『非正規労働の向かう先』岩波ブックレット No.699、2007年
厚生労働省雇用均等・児童家庭局編『女性労働の分析 2007年』(財)21世紀職業財団、2008年
厚生労働省雇用均等・児童家庭局編『女性労働の分析 2009年』(財)21世紀職業財団、2010年
厚生労働省雇用均等・児童家庭局編『平成22年版 働く女性の実情』2011年
総務省統計局『平成22年国勢調査 抽出速報集計結果』(2011年6月29日発表)
竹信三恵子『ワークシェアリングの実像 雇用の分配か、分断か』岩波書店、2002年
竹信三恵子『ルポ 雇用劣化不況』岩波新書、2009年
内閣府『第3次男女共同参画基本計画』2010年
中野麻美『労働ダンピング—雇用の多様化の果てに』岩波新書、2006年
濱嶋朗・竹内郁郎・石川晃弘編『社会学小辞典[新版]』有斐閣、2001年
本田一成『主婦パート 最大の非正規雇用』集英社新書、2010年
湯浅誠『反貧困—「すべり台社会」からの脱出』岩波新書、2008年
湯浅誠・福島みずほ『反貧困と派遣切り—派遣村がめざすもの』七つ森書館、2009年

第4章
男女雇用機会均等法とその効果

　雇用されて働く女性労働者の増加に伴い、職場の男女差別をなくし、職業上の男女平等を実現するために、「男女雇用機会均等法（正式名称は「雇用の分野における男女の均等な機会及び待遇の確保等に関する法律」）」は1985（昭和60）年5月に成立し、1986（昭和61）年4月1日に施行された。

1. 男女雇用機会均等法成立の経緯

　まず、職場における男女平等を目指した法律である男女雇用機会均等法がなぜ日本で制定されることになったのか、その経緯をみてみよう。それは一言でいうならば、外圧によるものであった。即ち、国連の「女性差別撤廃条約」批准のためであった。女性差別撤廃条約は女性に対する差別を撤廃するために、1979（昭和54）年に国連総会で採択された。翌1980（昭和55）年にデンマークのコペンハーゲンで開かれた「国連女性の10年中間年世界女性会議」で署名式が行われた。日本も、デンマーク大使であった高橋展子が日本代表として署名した。条約は、署名しただけでは効力がなく、それぞれの国が批准することが必要であった。日本は経済大国として、この条約を1985（昭和60）年にケニアのナイロビで開かれる「国連女性の10年最終年世界女性会議」までに批准することを目指していた。
　しかし、条約を批准するためには、条約に矛盾する国内法を整備する必要が

あった。当時、女性差別撤廃条約に抵触する男女不平等な国内法・制度は三つあった。一つ目は国籍法で、日本の国籍法では外国籍の人との婚姻に際し、父親が日本人であれば日本の国籍がとれるが、母親が日本人では日本の国籍がとれない父系血統主義であった[1]。それが父母どちらかが日本人であれば、日本の国籍がとれる父母両系血統主義に変更され、1985（昭和60）年に施行された。二つ目はカリキュラムの不平等である。高校の家庭科について、女子のみ必修で、男子は必修でなかった。女子が家庭科を学んでいる間、男子は武道などの体育をしていた。それが男女とも家庭科必修に変更され、1994（平成6）年から高校で家庭科あるいは生活一般の男女共修が始められた。三つ目が男女の雇用平等に関する法律である。

雇用の平等に関する法律については、経済界は大反対であった。経営者は臆面もなく「女を安く使って来たから日本は経済発展できたのだ」「女の待遇を男並にしたら競争力をそがれる」（2005年5月11日付朝日新聞）といっていた。果ては「女性差別撤廃条約なんか批准しなくてもよい」という声まで出てきた。一方、女性側からも労働組合の女性部を中心に中途半端な平等法に反対する声が強かった（NHKプロジェクトX「女たちの10年戦争」2000年）。しかし、形だけの男女の雇用均等を謳った男女雇用機会均等法であろうとも、この機会を逃したら経営者側が強い日本では、男女雇用平等法はできなかっただろう。そんな法律が1985（昭和60）年5月にできて、無事、女性差別撤廃条約を1985年のナイロビ会議前に批准することができたのである。女性差別撤廃条約を批准できた意義は日本の女性たちにとって大きかったといえよう。その後も日本政府は国連の女性差別撤廃委員会から、女性差別に対する勧告をたびたび受けている。

男女の雇用の平等を規定した法律とはいうものの、名前も「平等」ではなく、「均等」という曖昧な表現であった。法律も新たに制定されたものではなく、1972（昭和47）年に制定された「勤労婦人福祉法」を「雇用の分野における男女の均等な機会及び待遇の確保等女子労働者の福祉の増進に関する法律」と改称して制定したのである。しかも、同時に「労働基準法」の女子保護措置の一部を廃止して、一定の管理職・専門職の女子労働者については、時間外労働・

休日労働の規制がすべて廃止された。労基法が改定されてよくなった部分もある。改正前は産後6週間の休暇であったが、改正後は産前は6週間で変わらないが、産後は8週間になった。多胎妊娠の場合は、産前10週間（現在は14週間）の休業になった。

男女雇用機会均等法の施行にあたって、労働省（現厚生労働省）は指針・省令を告示し、募集・採用に際し、「男子のみ」とする違反企業に対して指導を徹底した結果、多少改善された面もあった。法律の施行をきっかけに女性を管理職に登用する企業もあり、雇用における男女均等に向けて一歩踏み出した。しかし、男女雇用機会均等法はできたけれど、女性労働者にとっては満足できる平等法ではなく、法律が制定された直後から、法律の改正が求められた。法律にも10年後の見直しが規定された。

2. 男女雇用機会均等法の改正

男女雇用機会均等法は制定当初からいくつか不備な点が指摘されてきた。たとえば、募集・採用、配置・昇進における均等な取り扱いが、禁止規定ではなく事業主の努力義務であることや紛争解決のための機会均等調停委員会を開くには労使双方の同意が必要なことなどである。よい規定があっても実際は使われないものもあった。事業主に対する禁止規定は、定年、退職、解雇について女子であることを理由とする男子との差別的取り扱いをしてはならないという、すでに裁判などで禁止の判例が出ている事項が中心であった。

男女雇用機会均等法施行後10年たった1995（平成7）年秋から法の見直しが始まった。96年12月、旧労働省の婦人問題審議会は「雇用の分野における男女の均等な機会及び待遇の確保のための法的整備について」の建議を労働大臣に提出した。この建議に基づいて、旧労働省は改正案を作成し、国会に提出した。

97（平成9）年6月、改正案は成立し公布された。しかし、すぐには施行されず、育児・介護休業法とともに、99（平成11）年4月1日から施行された。

1）男女雇用機会均等法の改正（1999年施行）

　男女雇用機会均等法はどこが新しくなったのだろうか？　主な改正点６つについて説明しよう。

①法律名称の変更

　旧男女雇用機会均等法の正式名称は先にも述べたように「雇用の分野における男女の均等な機会及び待遇の確保等女子労働者の福祉の増進に関する法律」であった。それを「雇用の分野における男女の均等な機会及び待遇の確保等に関する法律」と変えたのである。つまり「女子労働者の福祉の増進」がなくなったのである。旧均等法は勤労婦人福祉法を改正したもので、「女性の福祉」という言葉を残したが、改正法は「男女を対象とする」ものに変わったのである。旧法は「女性の視点」であったが、改正法は「ジェンダーの視点」に変更されたといっていいだろう。内容的にも、女性のための法律から男女を対象とする法律へ一歩踏み出したといえよう。

②募集・採用、配置・昇進

　募集・採用、配置・昇進について、旧法では「事業主は、労働者の募集及び採用について、女子に対して男子と均等な機会を与えるように努めなければならない」（7条。傍点は筆者による。以下同様）、「事業主は労働者の配置及び昇進について、女子労働者に対して男子労働者と均等な取り扱いをするように努めなければならない」（8条）と努力規定であった。募集・採用というそもそも就業の入り口での差別について、事業主に対して禁止するのではなく、「努めなければならない」と努力を求めるという表現に、女性たちは均等法の無力さを嘆いたものだった。

　それを改正法では「事業主は、労働者の募集及び採用について、女性に対して男性と均等な機会を与えなければならない」（5条）、「事業主は労働者の配置、昇進及び教育訓練について、労働者が女性であることを理由として、男性と差別的取り扱いをしてはならない」（6条）と禁止規定に変えた。当然のことといえば当然のことであるが、このように変更されるまでに10年の歳月がか

かったのである。

さらに、旧男女雇用機会均等法「運用指針」では募集・採用に関して、「男子のみ」は違反であるが、「女子のみ」は女性を積極的に活用しているということで違反ではなかった。しかし、「女子のみ募集」とすることで、結果的には「男女募集」は「男子のみ募集」を示し、女性は「女子のみ募集」でしか採用されないということになり、女性と男性の職務を分けることになってしまった。改正法では「女子のみ」も禁止することになり、片方の性だけを示す職種名の募集を禁止した。たとえば、「スチュワーデス」は「フライトアテンダント」、「カメラマン」は「カメラスタッフ」というように両性を示すものに変え、募集広告にも男女の絵を掲載するようになった。とはいえ、採用は企業の裁量によるもので、男女が平等に採用されているかどうかは疑問である。

③差別禁止規定違反への制裁

旧法では、法律違反に対しては「労働大臣が助言・勧告できる」だけで罰則はなかった。罰則のない規定では、どの程度効果があるか不明である。改正法では、「労働大臣は規定に違反した事業主が勧告に従わなかった場合はその旨を公表することができる」と規定した。企業名の公表に効果があるかどうかはわからないが、何の措置もないよりは一歩前進である。

④紛争解決のための機会均等調停委員会

男女雇用機会均等法は雇用の分野における紛争解決について、裁判によらず簡単迅速な方法で解決できるように機会均等調停委員会を設けている。しかし、旧法では調停を行う場合として、「関係当事者の一方から調停の申請があった場合にあっては、他の関係当事者が調停を行うことに同意したときに限る」としていた。このため、男女雇用機会均等法が制定されて10年間に調停の申請は100人以上からあったが、企業側の同意が得られず、調停が実施されたのは1回だけであった（そのたった1回の調停は1994〔平成6〕年住友金属工業の昇進・昇格差別に対するものであった。その調停も不調に終わり、裁判に持ち込まれた）。

改正法では、他方の同意は必要なく、一方の申請で調停は行われることになっ

た。なお、現在は「紛争調整委員会」が調停を行うことになっている。

⑤ポジティブ・アクション（積極的差別改善措置）に対する国の援助
　ポジティブ・アクションとは、差別を改善するための積極的な取り組みのことである。旧法になかったポジティブ・アクションに関する規定が、新たに設けられた。改正法は雇用の分野における男女の均等な機会および待遇を確保するために、事業主が行う措置に対し、相談その他の援助を行うとしている。
　米国では人種的差別を是正するために大学の入学などに関し、差別されている側に対してクオータ制（quota system ＝割当制）などの特別枠を設けており、これをアファーマティブ・アクションという。ポジティブ・アクションはアファーマティブ・アクションのような強力な措置をとるのではなく、目標や自主的なガイドラインを作成したり、研修機会の提供など緩やかな手段によって差別を是正するものである。

⑥セクシュアル・ハラスメント防止に関する配慮義務
　旧法にはセクシュアル・ハラスメント防止に関する規定はなかった。改正法では、「事業主は、職場において行われる性的な言動に対するその雇用する女性労働者の対応により当該女性労働者がその労働条件につき不利益を受け、又は当該性的な言動により当該女性労働者の就業環境が害されることのないよう雇用管理上必要な配慮をしなければならない」と規定している。この条文のうち「当該女性労働者がその労働条件につき不利益を受け」が「対価型セクシュアル・ハラスメント」とされ、「当該性的な言動により当該女性労働者の就業環境が害されること」は「環境型セクシュアル・ハラスメント」とされる。男女雇用機会均等法は対価型と環境型両方のセクシュアル・ハラスメント防止に対応している。
　セクシュアル・ハラスメントは、日本でも明治、大正の時代からなかったわけではない。しかし、労働問題として認識されるようになったのは比較的新しく、1980年代に入って米国の事例が「セク・ハラ」という略語でマス・コミなどで紹介されるようになってからである。1989（平成元）年には初めてのセ

クシュアル・ハラスメント裁判が福岡地裁に提訴され、行政も法的に対応せざるを得なくなったのである。この規定により、セクシュアル・ハラスメント防止が初めて法律問題とされるようになった。

2) 男女雇用機会均等法の再改正（2007年施行）

男女雇用機会均等法は2006（平成18）年（2007年施行）に再び大きく改正された。主な改正点は以下の通りである。

①これまでの均等法では女性に対する差別の禁止が中心だったが、妊娠・出産に関する保護以外は、男女双方に対する差別が禁止された。条文中も「女性労働者」が「労働者」に改められた。
②省令で定めている要件について、間接差別が禁止された。間接差別とは、外見上は性による差別と認められなくても、実質的には一方の性にとって、不利益を与える措置である。省令では募集・採用に当たり一定の身長・体重・体力を要件とすること、総合職の募集・採用の際に全国転勤を要件とすること、昇進に当たり転勤経験を要件とすることを間接差別と規定している。
③セクシュアル・ハラスメントについて、単なる配慮義務から、雇用管理上必要な措置を講じることが事業主に義務づけられた。また、女性だけでなく男性に対するセクシュアル・ハラスメント対策も盛り込まれた。
④差別禁止規定違反に対し、労働大臣は均等法に定められている事項について事業主に対して報告を求めることができる。しかし、報告をしない、あるいは、虚偽の報告をした場合は、過料（20万円以下）に処せられることになった。

などである。今回の改正によって、女性のための男女雇用機会均等法から、男女のための法律へとさらに進んでいったといえよう。

3) 労働基準法の改定

男女雇用機会均等法制定当初から、使用者側は女性が雇用の平等を求めるならば、女性保護規定は撤廃すべきであるという意見が強かった。男女雇用機会

均等法の改正とともに、母性保護を除く労働基準法の女性保護規定が廃止になった。労働基準法は女性労働者に対し、1週間について6時間、1年について150時間を超えた時間外労働、休日労働、深夜業(午後10時から午前5時まで)を制限していたが、これらの保護が撤廃され、女性も男性と同様に時間外労働、休日労働、深夜業に就くことが可能となった。

現在、日本の法定労働時間は週40時間である。これを超えた時間外労働に対しては割増賃金(通常の1.25～1.50倍)を支払うことになっている。時間外割増賃金は、諸外国では通常1.50倍が支払われるところが多いが、日本では1.25倍の企業が多い。この時間外割増賃金も支払われず、サービス残業(残業しても賃金が支払われない)をする場合が多く、その結果、サラリーマンの働き過ぎによる「過労死」が問題となっている。

労働基準法の改定によって、女性たちが男性並の長時間労働を強いられては、家庭責任の負担が多い女性たちは仕事を続けにくい。残業の制限は男女ともに必要であり、男性を女性並の時間外労働に制限するべきである。しかし、時間外労働については男性並の年間360時間以内という上限基準が男女労働者に対して決められた。

女性保護規定撤廃に対し、女性たちの間にはキャリア・ウーマンとそうでない人とで違った反応が示された。以前のように女性保護規定があると男性と同様の時間外労働をしたくてもできなかったり、残業してもサービス残業で割増賃金がつかなかったりしたが、改正によりそれが改められた。深夜業の規制がなくなり、鉄道業の車掌に女性が就けるようになり、キャリア・ウーマンたちは、保護規定撤廃に賛成だった。一方、先に述べたように女性たちは家庭責任を任されている場合が多く、キャリア・ウーマン以外の女性たちは、男性並の残業が求められれば仕事を続けにくくなり、改正に反対であった。女性に対してだけの保護規定は撤廃し、男女両方に対して保護規定に代わる労働時間の短縮などの規定を設け、ともに個人的生活を楽しめるゆとりが欲しいものである。

なお、2010(平成22)年4月から長時間の残業を抑制するために、労働基準法が改正され、時間外労働の割増賃金が引きあげられた。一律25%の割増率が、月60時間を超える部分は50%になった。年間の有給休暇のうち5日

分を時間単位で分割して取得することもできるようになった。これによって過労死を防止し、男女ともにワーク・ライフ・バランスを実現できるようになることが望まれる。

3. 男女雇用機会均等法実施状況

　男女雇用機会均等法が施行され、雇用における男女の機会均等は法律的には一応、確保されることになった。とはいえ、法律に規定されていてもそれが守られ、実際に女性の雇用拡大に役立っているとは限らない。厚生労働省では、均等法の遵守状況を調べるために企業を対象に「雇用均等基本調査」(2006〔平成18〕年度までは「女性雇用管理基本調査」)を行っている。毎回、調査項目には一部変更がある。これらの調査から企業の女性活用状況をみていくことにする。

1) 募集・採用

　改正後の均等法では募集・採用に対する男女の均等な取り扱いについては禁止規定になり、改正後の調査では募集に関する質問項目はなくなっているので募集における男女差別が残っているかどうかはわからない。表面上男女差別なく募集していても、女子学生が応募してみると男子学生と説明会場が異なる場合や、面接者がはじめから採る気のないような質問をしたり、女子学生は自宅から通勤できる人でなければ駄目というような男女の差別的取り扱いは残っている。

　募集はしていても、実際に採用されるかどうかが問題である。「平成22年度雇用均等基本調査」をみると、採用状況については4年制大学卒の事務・営業系で、2010（平成22）年に「男性のみ採用」とする企業は31.2％と2009（平成21）年に比べ低くなっている。しかし、「男女とも採用」とする企業は未だに45.8％と半数に満たない。4年制大学卒の技術系では「男女とも」がさらに低く19.9％にすぎず、「男性のみ」が7割を超えている。短大・高専卒と高校卒では事務・営業系は「女性のみ」が高く、技術系は両者とも「男性のみ」

図表4-1 採用区分、採用状況別企業割合

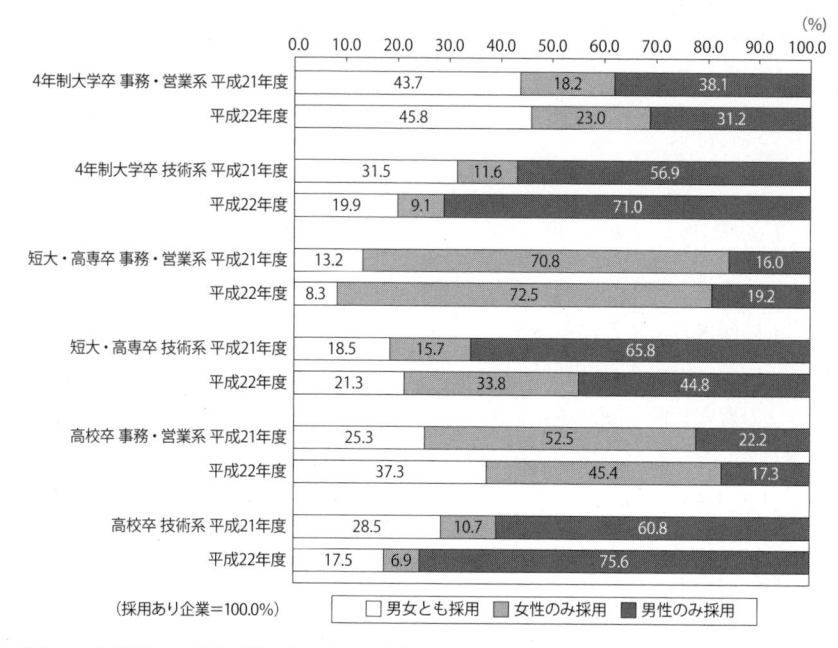

区分	男女とも採用	女性のみ採用	男性のみ採用
4年制大学卒 事務・営業系 平成21年度	43.7	18.2	38.1
平成22年度	45.8	23.0	31.2
4年制大学卒 技術系 平成21年度	31.5	11.6	56.9
平成22年度	19.9	9.1	71.0
短大・高専卒 事務・営業系 平成21年度	13.2	70.8	16.0
平成22年度	8.3	72.5	19.2
短大・高専卒 技術系 平成21年度	18.5	15.7	65.8
平成22年度	21.3	33.8	44.8
高校卒 事務・営業系 平成21年度	25.3	52.5	22.2
平成22年度	37.3	45.4	17.3
高校卒 技術系 平成21年度	28.5	10.7	60.8
平成22年度	17.5	6.9	75.6

(採用あり企業=100.0%)

（注）1．各項目とも「採用があった」とする企業を100.0％として示してある
　　　2．項目によっては四捨五入の結果、100.0％にならない、あるいは超える場合がある
（出典）厚生労働省「平成22年度雇用均等基本調査」

が高くなっている（図表4-1）。

2）コース別雇用管理制度

　男女雇用機会均等法が施行されてから、募集に関しては男女別がみられなくなったものの、企業は採用にあたって、給料体系などが異なるコース別雇用管理制度を導入し、実質的には「男女別枠」を取り入れている。
　コース別雇用管理制度は、基幹業務に従事し、全国的な転勤もあり得るが将来の幹部候補であるいわゆる「総合職」と、転勤はないが補助的業務の「一般

職」に分ける人事制度である。「総合職」と「一般職」という名称に関しては企業によって異なり、基幹業務を「一般職」、補助的業務を「事務職」と呼んでいるところもある。男女雇用機会均等法施行直後はバブル期に当たり、人手不足もあって、女性総合職を採用する企業もあったが、経済停滞期に入り、女性への門戸は狭まっている。さらに、最近では総合職と一般職の間に「中間職」を設け、転勤はないが安い賃金で総合職と同じ仕事をさせている。中間職には女性が採用される場合が多い。

　コース別雇用管理制度を導入している企業について、「平成22年度雇用均等基本調査」をみると（図表4-2）、「コース別雇用管理制度がある」とする企業は11.6％で、調査実施以来上昇を続けている。企業規模別にみると、5,000人以上では49.2％と前回調査より低くなっているものの、1,000～4,999人規模では45.9％、30～99人では8.6％と前回調査に比べて上昇している。

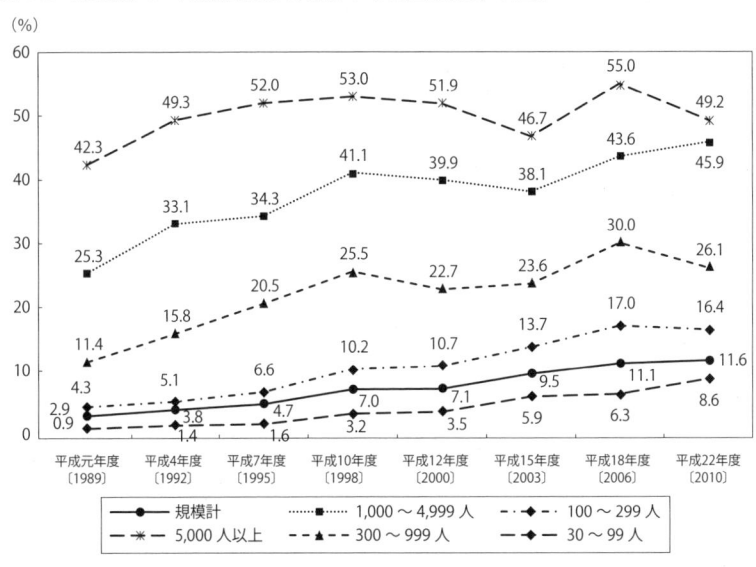

図表4-2　規模別コース別雇用管理制度のある企業割合の推移

年度	規模計	5,000人以上	1,000～4,999人	300～999人	100～299人	30～99人
平成元年度(1989)	2.9	42.3	25.3	11.4	4.3	0.9
平成4年度(1992)	5.1	49.3	33.1	15.8	3.8	1.4
平成7年度(1995)	6.6	52.0	34.3	20.5	4.7	1.6
平成10年度(1998)	7.0	53.0	41.1	25.5	10.2	3.2
平成12年度(2000)	7.1	51.9	39.9	22.7	10.7	3.5
平成15年度(2003)	9.5	46.7	38.1	23.6	13.7	5.9
平成18年度(2006)	11.1	55.0	43.6	30.0	17.0	6.3
平成22年度(2010)	11.6	49.2	45.9	26.1	16.4	8.6

（出典）厚生労働省「平成22年度雇用均等基本調査」

産業別にみると、「金融業、保険業」が33.7％、「卸売業・小売業」が16.4％と高い（厚生労働省、2011年）。

「平成18年度女性雇用管理基本調査」によれば、コース別雇用管理制度を導入している企業のうち、「総合職（全国転勤あり）」は51.9％が「男女とも採用」している。しかし、「男性のみ」は44.1％、「女性のみ」は4.0％である。「総合職（全国転勤なし）」は「男女とも」は53.3％、「男性のみ」は29.4％であるが、「女性のみ」も17.3％と「全国転勤あり」に比べて高くなっている。「準総合職・中間職」は「男女とも」が65.6％であり、「女性のみ」14.7％、「男性のみ」19.8％と、どちらかというと「中間職」は女性向けの職種であることを示している。「現業職」は「男性のみ」の割合が61.5％と高い（厚生労働省、2007年）。「一般職」は「女性のみ」の割合が64.0％と高いが、「男女とも」も30.1％になっており、一般職が男性にも門戸を開きつつあることを示している。

3）女性管理職

部門別配置状況について「平成21年度雇用均等基本調査」をみると（図表4-3）、「いずれの職場にも男女とも配置」する企業が「人事・総務・経理」「企画・調査・広報」「販売・サービス」「生産」などの部門は高く、7割を超えている。「男性のみ配置の職場がある」は「営業」（41.7％）、「研究・開発・設計」（34.4％）などの割合が高い（厚生労働省、2010年）。

「平成21年度雇用均等基本調査」によれば、管理職に占める女性の割合は8.0％である。役職別にみると、係長相当職では11.1％、課長相当職は5.0％、部長相当職は3.1％となっている（図表4-4）。2000（平成12）年当時と比べると、いずれの役職でも女性割合は高くなっている。とはいえ、管理職女性が1割に満たないというのはあまりに少なすぎるのではないだろうか。一般企業に対しても、管理職の一定割合を女性にすることを定めた法律が必要なのではないだろうか。ノルウェーでは、上場企業の役員について男性も女性も最低40％にしなければならない「女性役員割当制度」が法律に定められている。未達成

図表 4-3　部門、配置状況別企業割合

部門	調査年度	いずれの職場にも男女とも配置	女性のみ配置の職場がある（複数回答）	男性のみ配置の職場がある（複数回答）
人事・総務・経理	平成 18（2006）年度	84.2	12.4	3.7
	平成 21（2009）年度	83.9	12.1	4.2
企画・調査・広報	平成 18（2006）年度	73.7	2.9	23.6
	平成 21（2009）年度	73.5	2.5	24.1
研究・開発・設計	平成 18（2006）年度	67.8	1.7	30.6
	平成 21（2009）年度	63.5	2.2	34.4
情報処理	平成 18（2006）年度	69.7	5.4	24.9
	平成 21（2009）年度	66.5	6.1	27.5
営業	平成 18（2006）年度	59.0	0.7	40.3
	平成 21（2009）年度	57.8	0.6	41.7
販売・サービス	平成 18（2006）年度	78.1	6.2	16.0
	平成 21（2009）年度	81.5	5.8	13.0
生産	平成 18（2006）年度	75.1	1.2	24.1
	平成 21（2009）年度	73.8	2.7	24.5

（当該部門あり企業＝100％）

（注）1．各項目とも「該当部門あり」とする企業を 100.0％として示してある
　　　2．項目によっては四捨五入の結果、100.0％にならない、あるいは超える場合がある
（出典）厚生労働省「平成 21 年度雇用均等基本調査」

図表 4-4　役職別女性管理職割合の推移

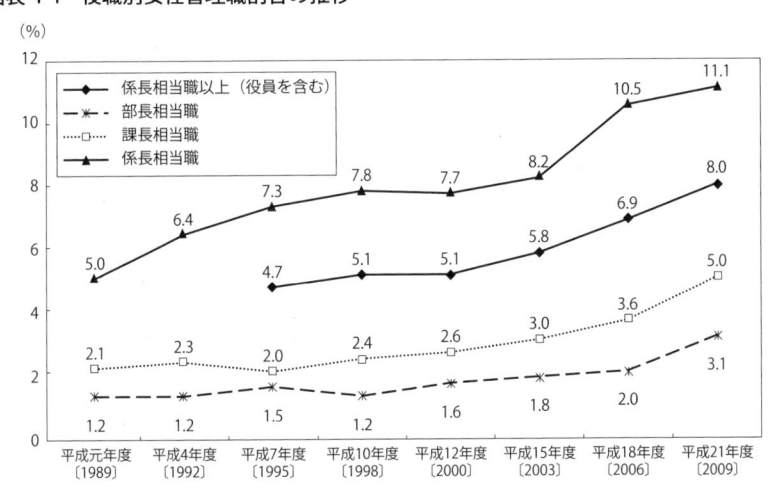

年度	係長相当職以上（役員を含む）	部長相当職	課長相当職	係長相当職
平成元年度〔1989〕	—	1.2	2.1	5.0
平成4年度〔1992〕	—	1.2	2.3	6.4
平成7年度〔1995〕	—	1.5	2.0	4.7
平成10年度〔1998〕	—	1.2	2.4	5.1
平成12年度〔2000〕	—	1.6	2.6	5.1
平成15年度〔2003〕	—	1.8	3.0	5.8
平成18年度〔2006〕	6.9	2.0	3.6	10.5
平成21年度〔2009〕	8.0	3.1	5.0	11.1

（出典）厚生労働省「平成 21 年度雇用均等基本調査」

の企業は、「制裁」をうけるとのことである（2010年3月17日付朝日新聞）。

　女性が管理職につきにくい理由として、「平成22年度雇用均等基本調査」の「女性の活躍を推進する上での問題点」をみると（図表4-5）、「家庭責任を考慮する必要がある」をあげる企業が2010（平成22）年に42.1％と最も高く、次いで「時間外労働、深夜労働をさせにくい」29.8％、「女性の勤続年数が平均的に短い」24.6％となっている。「平成12年度　女性雇用管理基本調査」の質問回答と比べ、当時は「女性の勤続年数が短い」が最も高く、「一般に女性は職業意識が低い」が25.5％あったことを考えると、企業の女性に対する見方がかなり変化したことがわかる。「時間外・深夜労働をさせにくい」も「家庭責任を考慮する必要がある」からと考えると、女性に対し、一方的に家庭責任がかかっている状況がみえてくる。雇用の場での男女平等を進め、女性も政

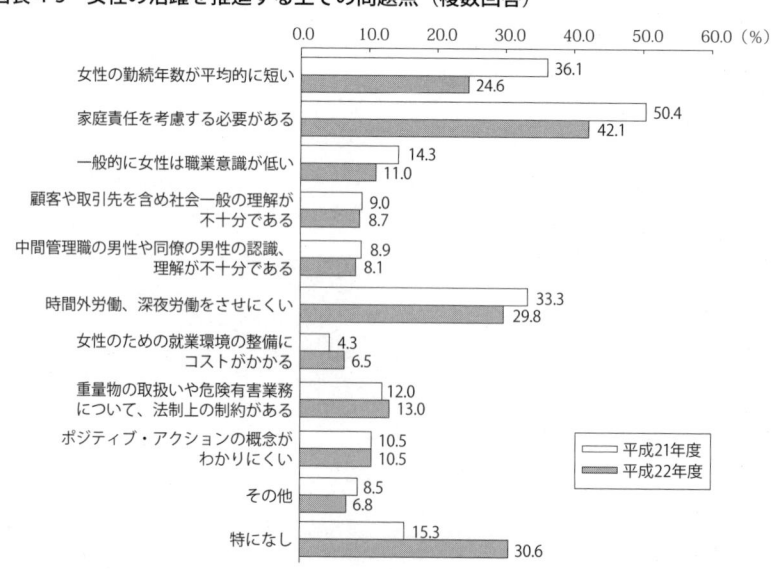

図表4-5　女性の活躍を推進する上での問題点（複数回答）

項目	平成21年度	平成22年度
女性の勤続年数が平均的に短い	36.1	24.6
家庭責任を考慮する必要がある	50.4	42.1
一般的に女性は職業意識が低い	14.3	11.0
顧客や取引先を含め社会一般の理解が不十分である	9.0	8.7
中間管理職の男性や同僚の男性の認識、理解が不十分である	8.9	8.1
時間外労働、深夜労働をさせにくい	33.3	29.8
女性のための就業環境の整備にコストがかかる	4.3	6.5
重量物の取扱いや危険有害業務について、法制上の制約がある	12.0	13.0
ポジティブ・アクションの概念がわかりにくい	10.5	10.5
その他	8.5	6.8
特になし	15.3	30.6

（出典）厚生労働省「平成22年度雇用均等基本調査」

策・方針決定への参画ができるようにするためには、家庭責任の男女平等を進めていくことが何より重要である。

4. 男女雇用機会均等法の問題点と効果

　男女雇用機会均等法ができたことで、女性や社会にどのようなメリットがあったのだろうか、またデメリットはなかったのだろうか。以下にあげてみたい。

①男女雇用機会均等法の名前の通り、機会の均等を表しているだけだといえないだろうか。機会は均等に与えられても、採用するかしないかは企業側の裁量に任されているので、人手不足のときは女性も採用されるが、就職難のときは、女子学生にとっては男子学生よりも不利だろう。また、改正法で、「女子のみ」が禁止された結果、女性だけに確保されていた分野に失業率の高い高齢者や若者が進出してくることが危惧されている。
②募集、採用にあたって、性別ではなくコース別などで採用し、目に見えない形の性別分離が行われる恐れがある。
③女性保護規定の撤廃はどのような結果をもたらすであろうか。先にも述べたように女性たちは長時間労働を強いられ、仕事を続けられなくなってしまうのではないだろうか。あるいは、男女ともに家庭生活の時間がなくなり、家庭生活が破壊されてしまうのではないだろうか。
④男女雇用機会均等法ができたことで、「女性が外で働く」ことが市民権を得て、女性たちはこれまで就けなかったような仕事にも就けるようになった。そして、少子高齢社会に向かって、社会的にも女性を労働力として活用する方向性が示されたということはいえよう。男女共同参画社会を形成していく第一歩が始まったのである。

注
1) 国によっては、国籍の取得についてその国で産まれた子どもに国籍を与える生地主義をとっているところ（米国など）があり、父系血統主義では子どもが無国籍になる場合があった。

参考文献
久場嬉子「女性労働のいま―男女雇用機会均等法制定四半世紀を経て―」女性労働問題研究会『女性労働研究』55号、青木書店、2011年
厚生労働省「平成18年度女性雇用管理基本調査」2007年
厚生労働省「平成21年度雇用均等基本調査」2010年
厚生労働省「平成22年度雇用均等基本調査」2011年
日本弁護士連合会編『こう変わる！ 男女雇用機会均等法Q&A』岩波ブックレットNo.694、岩波書店、2007年
深野和男『こう変わる 改正男女雇用機会均等法の実務～間接差別禁止、セクハラ防止の要点～』労務行政、2007年
労働省女性局編『増補 改正男女雇用機会均等法の解説』（財）21世紀職業財団、1999年
労働法令協会編『旬刊「労働法令通信」別冊 男女雇用機会均等法の全容』（財）労働法令協会、1986年

第5章
職種の男女相互乗り入れ

　日本では、女性職・男性職、女の領域・男の領域という「性別職域分離」がある。その背景には、家事・育児は女の仕事、管理・代表は男の仕事という性別役割分業観がある。しかも、家事・育児はシャドウ・ワークであり、アンペイド・ワークなので、その延長線上にある女性専門職の賃金も低い。それは、男性が女性職を敬遠する一因ともなっている。また、女性が男性職に就くことは一種の「上昇」と考えられるのに対して、男性が女性職に就くことは低くみられがちで、男性が女性職を選びにくくしている。

　1985（昭和60）年に男女雇用機会均等法が制定されて以来、多くの職場が男女を募集・採用するようになった。最近では、建設現場など、従来男性の職場といわれたところにも女性が進出するようになり、働く場における男女共同参画が進みつつある。とはいえ、男女が同じ職に就いていても、男性が管理職などのより責任のある職に就いている垂直的性別職務分離という側面は残っている。女性にはある段階に来ると昇進が阻まれる見えない障壁、いわゆる「ガラスの天井」がある。

　一方、女性職といわれる分野への男性の進出は少ない。女性職への男性の進出は、就労分野における男女共同参画を進める上で、望ましいことである。男性職への女性の進出、女性職への男性の進出は、どのようにすればもっと進むのだろうか。そして、職種の男女相互乗り入れは職場にどのような変化をもたらし、それは社会全体にどのような影響を及ぼすのだろうか。

1. 男性職への女性の進出

1) 女性に対する採用制限の撤廃

　まず、女性の男性職域への進出についてみてみよう。かつては女性が男性職域へ進出するにあたって高い壁があった。そもそも、警視庁が初めて女性の警官を採用、勤務に就かせたのは1946（昭和21）年4月からであった（丸岡・山口、1980年、232頁）。国家公務員の採用試験についても女性が受験できない職種があった。国連の国際女性年であった1975（昭和50）年当時でも、女性が受験を制限されていた一般職の国家公務員は12職種あったのである。その後、76（昭和51）年に国家公務員初級（行政事務B）、79（昭和54）年に航空管制官と航空保安大学校・気象大学校・海上保安大学校・海上保安学校の学生、80（昭和55）年に国税専門官と皇宮護衛官、81（昭和56）年に税務関係の国家公務員初級、入国警備官、刑務官の11職種が受験可能となった。89（平成元）年には深夜勤務のある郵政事務Bの受験制限が撤廃され、女性が受験を制限された国家公務員職種はなくなった。特別職については、防衛医科大学校学生の女性に対する受験制限は1984（昭和59）年に解除され、92（平成4）年には防衛大学校へも女性が受験できるようになった。女性も自衛隊への進出が可能となったのである。

　第4章で述べたように、1999（平成11）年に労働基準法が改定され、深夜業の女子保護規定が撤廃された。その結果、鉄道の車掌や運転手に女性が採用されるようになった。2007（平成19）年の労働基準法改定では妊産婦を除く女性に対し、坑内業務の就業制限が撤廃された。以前はトンネル工事は女人禁制といわれ、女性監督官が工事現場に入れないことが職務上支障を来すと問題となったことがあった。その後、女性技術者の増加に伴い女性の坑内就業の制限が解除された。妊産婦を除いて男女平等就労へ近づいたといえよう。

　女性に対し、一方的に閉ざされていた受験制限が撤廃され、女性も希望すればこれらの職種に就くことができるようになった。職域が広がったことで新たに女性たちの能力を活用する道が開けたことになる。

2）男性の職場への女性進出

　女性が今まで少なかったブルーカラー男性職種について9産業18の職場で働く女性たちを対象に聞き取り調査をした首藤若菜の研究を紹介する。

　首藤は、男女混合職化の実態と今後の展望を明らかにするために、鉄道業、自動車産業、電機産業、運輸業などブルーカラー男性職種について18の職場への女性の参入を事例として取り上げている。性別職域分離が築かれた要因として、①労働基準法に規定された女性労働者の深夜勤務の禁止規定、②体力・筋力的性差、③女性の勤続年数が短いという統計的差別の三つを仮説としてあげている。しかし、これらの仮説に対して、1999（平成11）年の労働基準法改正によって女性に対する深夜業の解禁が実施されたこと、体力・筋力的性差が技術革新や新技術の導入によって、男性職域へ女性を受け入れる前に想定されていた以上に性別職域分離に直結しないことが明らかにされたこと、統計的差別についても女性の勤続長期化によって説得力を失った事例が存在することなど、性別職域分離が今後縮小していくことが展望されている（首藤、2003年）。

　そして、首藤は「男女混合職域に参入した女性たちが、男性と同等に仕事をこなし、中長期に働き続けることを知り、経営者らは女性の労働能力に対する認識を変えていく」「長期的な労働力の供給構造の変化を見据えて、男性と女性の職域の統合化への取組みが進んでいる」「男女混合職化の動向は、相当な規模で実行に移されており、さらに拡大しつつある。伝統的な労使関係が築かれてきた鉄道業や自動車産業ではじまったこの動きは、将来の日本の労使関係に重要な変化をもたらすことになるだろう」（首藤、2003年、280〜281頁）との変化の方向をみている。従来男性の職場といわれたところにも女性が進出するようになり、就労分野における男女共同参画は進みつつある。

3）垂直的職務分離の構造

　男女が同じ職に就いていても第4章で紹介したように、女性管理職は少なく、垂直的職務分離は残っている。

　木本喜美子は、職場における職務のジェンダー構造を明らかにしている（木本、1999、2003年。木本・深沢、2000年）。木本は女性が多い職場を対象に調査し、

そうした職場でも職務にジェンダー構造があり、垂直的性別職務分離があることを示している。百貨店という昔から女性の多い職場でも「実は、『男性的管理』が中心的位置を占めており、男性が作ってきた職場の慣行の累積、その伝統の支配が厳然として存在している。女性が役職に就いた場合にも、この伝統に引き寄せられていく」（木本、1999 年、171 頁）、「男性が作ってきた職場慣行の累積が、職場における職務のジェンダー間分離の状況を規定している」（同上）。「労働がジェンダー間に不均衡に『偏在』していることは、女性正社員の意欲を削ぎ、非効率な状況を生み出している」（同上、172 頁）。そしてこのようなジェンダー構造変革のためには、正社員の「商品企画や商品選択眼を養う方向に経営戦略を修正し」「自社ブランド商品の開拓とその独自ショップの設置、女性だけの海外商品の買い付けチームの編成など」（同上、173 頁）、「企業社会の中で、男性中心に組み立てられてきた職務構造自体のジェンダー・ニュートラルな再編成によってこそ」変容は可能であろうとする（木本、1999 年、151 ～ 178 頁）。

　一方、村尾祐美子は SSM 調査（社会階層と社会移動全国調査）のマクロデータを使って、垂直的性別職務分離について「事柄決定力」の分析を行っている。同じ職業に就いている女性の割合が高いほど男性は仕事に関する権限が増大し、より複雑で専門性が高く、上位の仕事とみなされるような仕事を与えられ、垂直的性別職務分離が生じていることを明らかにしている。「他者が存在していること」（村尾、2003 年、124 頁）から利益を引き出す、「関係としてのジェンダー」（同上）が成立しているという。このような現象は、「女性の存在が男性にゲタをはかせてくれる」（同上、162 頁）ことから生じるとしている[1]）。男性は女性が職場に進出することによって、職場を奪われるのではなく、女性の存在がむしろ有利に働くということを示している。

4）男性職への女性の参入がもたらす影響

　女性が男性職域に進出することによって起こる変化に関して、ジェンダー体制を再生産しているのか、それとも変容するのかについてまとめてみると、図表 5-1 のようになる。女性が男性職に参入することは木本、村尾のいうように、ジェンダー体制を再生産するにすぎないと考えられる面がある。しかし、

首藤のいうように、女性が増えることで女性の労働能力について認識が改まる。また、経済状況から女性を増やさざるを得ない。そして、木本のいうように、企業社会の中で、男性中心に組み立てられてきた職務構造自体をジェンダー・ニュートラルに再編成することでジェンダー体制の変容、社会の変容は可能と考えられる。

2. 女性職へ進出する男性たち

では、女性職とされる分野への男性の進出はどの程度進んでいるのだろうか。2002（平成5）年3月に「保健師助産師看護師法」が改正され、それまで女性の看護師は「看護婦」、男性の看護師は「看護士」と呼ばれていたのが男女とも「看護師」に統一された。保健師に関しても同様である。助産師に関しては、対象となる妊婦の心情を考慮して、現在でも男性は認められていない。保育士に関しては1999（平成2）年4月に「児童福祉法施行令」が改正され、それまで法令上は「保母」とされていた呼称を男女とも「保育士」に変更した。これは、男性の看護師、保育士が増えて、呼称に不具合が生じてきたことを示し

図表 5-1　男性職域への女性の参入によるジェンダー構造への影響

| 女性の
男性職域への参入 | →ジェンダー体制の再生産
①女性の多い職場で同じ学歴でも昇進のスピードにジェンダー差があり、男性の作ってきた職場慣行が職務のジェンダー間分離を規定する。
②統計的にみて、女性の割合が高いほど男性は仕事に関する権限が増大し、垂直的性別職務分離が生じる。
→ジェンダー体制の変容
①少子化などの経済状況から女性を増やさざるを得ず、ブルーカラー職種に女性がもっと増えることで女性の労働能力について認識が改まる。
②男性中心の職務構造自体をジェンダー・ニュートラルに再編成していく。 |

ている。なお、1999年の男女雇用機会均等法の改正で、それまで許されていた「女子のみ」の募集も禁止され、募集にあたって男子のみ、あるいは女子のみを示す呼称については、男女両性を示す呼称に変更された。

　看護師の歴史をふり返ってみると、1868（明治元）年の戊辰戦争のときに横浜軍陣病院・東京大病院で女性看護人が戦傷者救護活動をしており、明治の初年から女性看護師は登場する。男性に関しては、1877（明治10）年に西南戦争で博愛社の男性看護人が救護に従事したのが初めであり、その後、1897（明治30）年に日赤病院で男性看護人の養成を開始したとされる。1948（昭和23）年に公布された「保健婦助産婦看護婦法」が1968（昭和43）年に、男性看護人を看護士と称するように改正され、さらに、先述の2002年に男女の資格名称が「看護師」に統一された（日本看護歴史学会、2008年、210頁）。

　しかし、1989（平成元）年に看護教育のカリキュラムが男女共通のものに改訂されるまでは、男子は「産婦人科」実習の代わりに、「精神科」実習をすることになっていた。看護士国家試験科目についても1992（平成4）年に男女差がなくなるまで、男子は「婦人科」および「母性看護」が他の科目に振り替えられていた（保健師助産師看護師法編纂委員会、2009年、286頁）。カリキュラムにこのような男女差があり、そのため現在に至るまで「男性看護師＝精神科」のイメージが強い。

　2010（平成22）年「国勢調査抽出速報集計」[2]をみると、看護師（准看護師を含む）1,189,500人中男性看護師は67,500人であり、5.7％を占める。1割にも満たない数字であるが、2000（平成12）年の国勢調査で男性看護師が39,506人、その占める割合が4.0％だったのに比べ、人数、割合ともに10年間で着実に増えている。

　一方、男性保育士に関しては、1977（昭和52）年に「児童福祉法施行令」が改正され男性が保育所などの児童福祉施設で児童の保育に従事することが認められるようになった（岡田、1980年、316頁）。さらに、先述のように1999（平成元11）年に再び「児童福祉法施行令」が改正され、男女とも「保育士」の呼称に統一された。2003（平成15）年には「児童福祉法」を改正して、「保育士」は国家資格となり、保育士以外の人は「保育士」と名乗ることができなくなっ

た³⁾（社団法人全国保育士養成協議会、2010年、16頁）。

　2010年「国勢調査抽出速報集計」によれば、保育士481,500人中男性保育士は12,100人で2.5％を占める。男性看護師よりさらに低い割合であるが、2000年の国勢調査では4,666人、1.3％だったのに比べると、人数、割合とも倍近く増えている。男性看護師も男性保育士も徐々にではあるが、確実に増加しつつある。男女の職域の相互乗り入れは進んでいるといえよう。

1）看護職への男性の参入

　女性職といわれる分野への男性の参入は社会にどのような変化をもたらすのか、男性看護師に関する既存の資料から探っていきたい。

　資料検索については、2000（平成12）年から2010（平成22）年までの電子化された資料と図書館の『看護学雑誌』『看護教育』『看護管理』『母性衛生』などの看護系の雑誌と書籍を検索した。これらの資料のうち、原文が入手可能だった34の資料を対象に検討することにした⁴⁾。

　34の資料の執筆者をみると、共著者を含めて病院に勤務する看護師が73名、大学・短大の教員が26名と、看護師の立場からの調査研究が多い。研究方法は、質問紙調査13件、インタビュー調査16件、事例研究3件、既存調査データの2次分析2件となっている。対象は男性看護師20件、女性看護師4件、男性患者4件、女性患者5件、病院の管理者2件、既存資料2件（一つの資料中で複数の対象を含むため、件数の合計は資料総数を超える）であった。

　内容をみると、図表5-2のように分類できる。まず、男性看護師への役割期待に関するもので女性看護師や管理者から、男性だからやって欲しいこと、リーダーとしての役割や小児看護や思春期の男児を対象とする父親的役割、男児の悩み相談、精神科のように力を必要とする看護や、人工肛門や男性性器に関わる看護などである。次に多いのが、男性看護師のキャリア意識や不安、困難、悩み、ストレス、逆に満足、やりがい、思いなどの意識に関するものである。三つ目は、看護は女性の仕事という通念から生じる男性によるケアの受け入れ拒否や患者の羞恥心に関するもの、ケアの受け入れを含めた患者からみた男性看護師である。そして、四つ目は男性看護師が社会に与える影響について、と

なっている。全体的に、男性看護師は看護という仕事にいかに対応すべきであるかが中心であり、女性職と考えられている看護職への男性の参入が社会にどのような影響をもたらすかについては矢原隆行の論文にみられるだけである。

矢原によれば、R. M. Kanter の「組織内の少数者はトークン（象徴、目につきやすいもの）として社会一般のステレオタイプを当てはめられ、プレッシャーを受けやすい」(Kanter, 1977)、C. L. Williams の「女性職に参入した男性も少数者としてのトークン性をもつが、それでもやはり男性の世界であり、男性には『ガラスのエスカレーター』[5)] が用意されており、男性は女性より高い地位と給与を得ることになる」(Williams, 1995) という二つの理論から、「ケア労働の領域への男性の参入という『変化』は、結局、女性が多数派を占める職業領域の内部において、その一部に男性がより高い地位と賃金を確保する居場所を創出していく」(矢原、2007 年 b、349 頁)ことになる。つまり、「既存のジェンダー体制の再生産にいたらざるをえない」(同上、350 頁) 面は否定しがたいとする。しかし、同時に、男性が女性職に参入することで、ジェンダー体制再構築の方向もみている。即ち、男女が一緒に仕事をする中で男性も女性も一緒であることに気付く(同上、352 頁)こと、つまり性差ではなく個人差であることがわかり、「彼らがその同僚の多くを占める女性たちから、日々職場および家庭における『働きかた』を学ぶ機会に直面している」(同上、353 頁)、つまり、仕事と家庭

図表 5-2　男性看護師に関する 34 論文の内容分類

資料の内容分類	注 4 の資料番号
1 男性看護師への役割期待（小児・思春期看護、精神科、人工肛門）	03、04、05、06、10、12、18、21、22、28、30
2 男性看護師のキャリア意識・不安・困難・ストレス・悩み・満足・思い	07、14、16、17、20、23、27、29、32、33
3 男性看護師のケアの問題と解決（受け入れ拒否・羞恥心）、患者からみた男性看護師	08、11、13、25、31、09、15、26、34
4 男性看護師の存在が及ぼす影響	01、02、19、24

の両立の男女平等化について学ぶことによって、社会システム変容の可能性をみている。このことをまとめてみると、図表5-3のようになる。

2）男性の保育職への参入

男性保育士に関しても、2000（平成12）年から2010（平成22）年までの電子化された資料と図書館の『保育学研究』『日本保育学会大会研究論文集』などの雑誌と書籍を検索した。これらのうち、原文を手に入れることができた11の資料を対象に検討した[6]。

11の資料の執筆者は、ワークショップ2件を除いては男性保育士によるものは1件のみで、残りは大学・短大の教員・学生によるものであった。研究方法は、質問紙調査7件、ワークショップ2件、事例研究1件、文献研究1件であった。対象者は保育所2件、男子学生2件、女子学生3件、女性保育士3件、男性保育士1件、男性管理職1件、女性管理職1件、園児1件で、男性保育士を対象としたものは少なかった（一つの資料中で複数の対象を含むため、件数の合計は資料総数を超える）。

内容は図表5-4のように男性保育士の実態調査・実態報告が中心で、保育者における男女差や性役割認知の差、女性保育者・保護者・学生からみた男性保育士、そして、男性保育士の存在が及ぼす影響であった。

全体に資料数は少ないが、中田奈月は、男性保育士の存在が保育園のジェンダー構造にいかなる影響を与えているかについて論じている。中田は、男性保

図表5-3　男性看護師参入によるジェンダー構造への影響

男性の女性職域への参入	→ジェンダー体制の再生産 ①男性には「ガラスのエスカレーター」が用意されており、女性が多数派の中で男性がより高い地位と給与を得る。 →ジェンダー体制の変容 ①男女一緒に働くことで男女が同じことに気付く。 ②仕事と家庭を両立している女性同僚の働き方から仕事と家庭の両立を学ぶ。

育士が少ない理由として「保育現場での人間関係上の問題がある」として二つの問題点をあげている。一つ目は「男性を有利にするはずのジェンダーの権力構造が男性を保育の場から排除するように作用する」（中田、2002年、14頁）という。つまり、保育職にもジェンダーの権力構造があるために、男性を受け入れる側は男性を特別扱いし、女性とは異なる立場におく必要性を感じている。だが、男性は待遇に男女差がないことを当然視する。男性と周囲の人々の間に待遇をめぐるズレがあり、男性は保育に携わる以前に C. L. Williams の「ガラスのエスカレーター」か排除かのふるいにかけられる。ジェンダーの権力構造上、上位者であることが保育園において男性を不利にし、その数を少なくさせるという。二つ目は人数の不平等がもたらす問題である。R. M. Kanter によれば組織内の人数の不平等は職場にトークン現象を発生させる。「少数派である男性の存在が、性別で分ける必要がなかった保育をジェンダーによって分断させるよう作用する」（同上、13頁）。トークン現象とジェンダーの権力構造によって職場で「女性」「男性」が可視化され、内実が定まらないままに「男性保育者」という社会的カテゴリーを生み出すが、それに応えるのは困難であり、男性の保育職への参入、継続、職務の遂行を難しくさせる（中田、2002年、11頁）という。このように、中田も Kanter と Williams の理論を使って、男性保育者が保育という職場に及ぼす影響について分析している。

　これについてまとめてみると図表5-5のようになる。

図表5-4　男性保育士に関する11論文の内容分類

資料の内容分類	注6の資料番号
1 男性保育士の実態調査・実態報告	01、02*、06、07、09
2 保育者の男女差・性役割認知	05、08、10、11
3 女性保育者・保護者・学生からみた男性保育士	04
4 男性保育士の存在が及ぼす影響	02*、03

（02* はシンポジウムのため、内容的に2か所に掲載。）

3) 女性職への男性の参入がもたらす影響

　男性看護師と男性保育士について、女性職への男性の参入が職場のジェンダー構造や社会にどのような影響を及ぼしているか、既存の資料を通してみてきたところである。男性看護師の存在は、図表5-3のように、女性が多数派の中で男性がより高い地位と給与を得るという、ジェンダー体制を再生産しているという面はある。しかし、男女が一緒に働くことで男女が同じであることに気付き、同僚の働き方から仕事と家庭の両立を学び、ジェンダー体制を変容していくという面もある。

　一方、男性保育士の存在は、男性が少数者であることと、ジェンダーの権力構造によって、性別で分ける必要がなかった保育をジェンダーによって分断させるように作用し、男性保育士の存在がジェンダー体制を再生産するとしている。しかし、男性看護師と同様に男性保育士の数が増加することによって、矢原のいうように、男女が一緒に働くことで男女が同じであることに気付き、同僚の働き方から仕事と家庭の両立を学び、ジェンダー体制を再構築していくという面もあるのではないだろうか。現在のところ、男性保育士の占める割合は2.5％にすぎず、男性看護師の割合5.7％の半分にも満たない。Kanterはあるグループが多数派となり、他のグループが少数派となる上限を85対15の割合としている。少数派の人数が多いほどトークン現象は弱まり、少数派はトークンとしてではなく「個人」として存在することが可能となる、としている(Kanter 1977, p.215)。

　男性看護師も男性保育士もその数が増える（15％を超える）ことで性別にと

図表5-5　男性保育士の参入によるジェンダー構造への影響

男性の 女性職域への参入	→ジェンダー体制の再生産 ①男性が少数者であることと、ジェンダーの権力構造によって性別で分ける必要がなかった保育をジェンダーによって分断し、ジェンダーを可視化させる。 →ジェンダー体制の再構築 ?

第5章　職種の男女相互乗り入れ

らわれず、本来の看護師、保育士としての能力を発揮できるのではないだろうか。東京のある自治体の話では、男性保育士を採用しようとした。男性1人では十分な力を発揮できないと考え、2人以上を同時に採用することがその自治体の方針であった。しかし、優秀な男性の応募が少なく、男性を2人以上採用するのが難しかったので、結局男性保育士ゼロということになってしまったという。つまり、男性看護師、保育士を増やすためには能力のある男性看護師、保育士が就きたくなるような給料や環境面で整備された魅力的な職場にすることが重要である。

3. 男女双方の職域への相互乗り入れ

1) 男性職への女性の参入と女性職への男性の参入がもたらす変化

　ここでは、性別職域分離を超えて、それぞれ男性職への女性の参入と女性職への男性の参入は職場のジェンダー構造や社会にどのような変化をもたらすかについて検討する。

　女性の男性職への参入については、垂直的性別職務分離という面からみると、木本は女性の多い職場でも男性の作ってきた職場慣行が職務のジェンダー間分離を規定するという。村尾は職場の女性の割合が高いほど男性は権限が増大し、垂直的性別職務分離が生じ、ジェンダー体制を再生産しているとする。しかし、職務構造自体のジェンダー・ニュートラルな再編成や首藤のいうように、人手不足というような経済状況から女性を増やさざるを得ないこともあり、女性が増えることによって女性の労働能力について認識が改まり、ジェンダー体制の変容が進むことも期待できることがわかった。

　一方、男性の女性職への参入をみると、女性が多数派の中で男性がより高い地位と給与を得る、また、少数派の男性が職場のジェンダーを可視化させるというジェンダー体制再生産の面もあるが、女性職への男性の数が増えることによって男女一緒に働く場が増え、男女が同じであることに気付き、同僚の働き方から仕事と家庭の両立を学ぶというジェンダー体制変容の可能性もあること

がわかった。

　男女双方の職域への相互乗り入れについては、どちらも数が増えることによって、ジェンダー体制変容に進むことが期待できる。とはいえ、男性の女性職への参入は数が増えることによって、男性管理職を増やすという職場の垂直的性別職務分離を拡大させる方向に進む恐れがある。その具体的な対策は今後の課題であるが、男性職への女性の参入と同様に、社会の中で男性中心に組み立てられてきた職務構造のあり方をジェンダー・ニュートラルに再編成していくことで、ジェンダー体制変容の道が開けるのではないだろうか。

図表5-6　男女双方の職域への相互乗り入れによるジェンダー体制の変容

女性の 男性職域への参入	→ジェンダー体制の再生産 ①女性の多い職場でも男性の作ってきた職場慣行が職務のジェンダー間分離を規定する。 ②統計的にみて、女性の割合が高いほど男性は仕事に関する権限が増大し、垂直的性別職務分離が生じる。 →ジェンダー体制の再構築 ①少子化などの社会経済的状況から女性を増やさざるを得ず、ブルーカラー職種に女性がもっと増えることで女性の労働能力について認識が改まる。 ②男性中心の職務構造自体をジェンダー・ニュートラルに再編成する。
男性の 女性職域への参入	→ジェンダー体制の再生産 ①男性には「ガラスのエスカレーター」が用意されており、女性が多数派の中で男性がより高い地位と給与を得る。 ②男性が少数者であることと、ジェンダーの権力構造によって性別で分ける必要がなかった職務をジェンダーによって分断し、ジェンダーを可視化させる。 →ジェンダー体制の再構築 ①男女一緒に働くことで男女が同じことに気付く。 ②仕事と家庭を両立している女性同僚の働き方から仕事と家庭の両立を学ぶ。 ③職務構造をジェンダー・ニュートラルに再編成する。

2) 男性職域、女性職域への相互乗り入れの今後

　日本では、女性職・男性職という「性別職域分離」がある。最近では、従来男性の職場といわれたところにも女性が参入するようになり、働く場における男女共同参画が進みつつある。しかし、男女が同じ職に就いている場合でも、男性が管理職などのより責任のある職に就いている垂直的性別職務分離は残っている。

　男性職域への女性の進出に関する研究をみると、女性が男性職に参入しても垂直的性別職務分離が進み、ジェンダー体制が再生産されている。しかし、経済状況から今後、女性が増えることが予測され、それによって、女性に対する認識が改められること、職務構造自体の再編成で、ジェンダー体制が変容されることが期待される。

　一方、女性職域である看護師や保育士への男性の参入をみると、女性が多数派の中でもジェンダー体制が再生産されている。しかし、男性がさらに増えることで、男女が同じであり、同僚の働き方から仕事と家庭の両立を学び、ジェンダー体制が再構築されることが期待できる。とはいえ、男性の女性職への参入は男性の数が増えることによって、垂直的性別職務分離を拡大させる方向に進む恐れがある。それに対しては、社会の中で男性中心に組み立てられてきた職務構造のあり方を再編成していくことが必要であり、その具体的な対策を探ることは今後の課題である。

注
1) 職業女性比率を四分位数で区分したグループごとに、事柄決定力変数を説明変数に、性別を独立変数として分散分析を行うと、「女性では女性比率に従って事柄決定力が上昇するということはない。職業女性比率の最も低い第1四分位グループ以外では女性の事柄決定力はほとんど変わらないのである。一方男性は、第2四分位グループから第3四分位グループへの職業女性比率が上昇に伴って大きく事柄決定力スコア平均値を増大させている。第4四分位グループでは、男性の事柄決定力スコアの平均値はさらに上昇するのである」（村尾、2003年、123〜124頁）。
2) 2010年国勢調査職業小分類の抽出速報集計（2011年6月29日公表による）。
http://www.e-stat.go.jp/SG1/estat/List.do?bid=000001032402&cycode=0

3) 保育士に関し、「児童福祉法施行令」では「児童福祉施設において、児童の保育に従事する」者と規定されていた。2003年11月の「児童福祉法」改正で保育士を国家資格とし「登録を受け、保育士の名称を用いて、専門的知識及び技術をもって、児童の保育及び児童の保護者に対する保育に関する指導を行う」者と規定されている（社団法人全国保育士養成協議会、2010年、16頁）。
4) 男性看護師に関する資料34件。
 01　矢原隆行「男性看護職をめぐる課題と戦略―その隘路（あいろ）と可能性について」『看護雑誌』（特集女性看護師の皆さんへ―ケアする男の物語）66(11)、2002年11月、1006～1011頁
 02　矢原隆行「看護職におけるジェンダー体制の今日的状況―看護職者の意識と現状に関する調査から」『看護管理』14(2)、2004年2月、163～165頁
 03　明野伸次「男性看護師に対する業務評価・役割期待に関しての文献的考察」『北海道医療大学看護福祉学部紀要』11、2004年、95～100頁
 04　山田正己「男性看護職の歴史と現状からの一考察―男性看護職が増加する看護のこれから」『看護教育』（焦点　いま、男性看護師を考える）45(11)、2004年、1032～1037頁
 05　畠山和人「管理者から見た男性看護師の現在とこれから」『看護教育』（焦点　いま、男性看護師を考える）45(11)、2、2004年、1038～1042頁
 06　杉浦太一「男子看護学生との関わりから、男性看護師が教員でいることの意味を探る」『看護教育』（焦点　いま、男性看護師を考える）45(11)、2004年、1043～1047頁
 07　松田安弘、定廣和香子、舟島なをみ「男性看護師の職業経験の解明」『看護教育学研究』13(1)、2004年3月、9～22頁
 08　多聞嗣朗、牧田初枝、久保京子、中川智絵、竹内清華、越野みつ子「男性看護師のケアの受け入れに関する研究：当院男性看護師の面接から」『看護研究発表論文集録』37、2005年11月、117～120頁
 09　大山祐介、戸北正和、小川信子、宮原春美「男性看護師に対する女性患者の認知度とニーズに関する研究」『保健学研究』19(1)、2006年、13～19頁
 10　石田徹、奥村美奈、本吉惠子「児童・思春期精神科病棟においての男性看護師の役割とその意義に関する研究―児童・思春期精神科病棟に従事している男性看護師の調査から」『日本看護学会論文集　小児看護』37、2006年、233～235頁
 11　多間嗣朗、牧田初枝、久保京子［他］「羞恥心を伴うケアにおける男性看護師の関わり」『日本看護学会論文集　看護総合』37、2006年、33～35頁
 12　阿部幹佳「6.精神病院で就業する看護者の資格と性別の実態：一般病院との比較から」『宮城大学看護学部紀要』9(1)、2006年3月、51～57頁
 13　福塚明、鈴木尚美、松尾寛子、高瀬靖子、橘真麻、出戸亜沙子、福間明美「男性看護師の清潔ケアに関する女性患者の思い」『看護研究発表論文集録』38、

2006年11月、17～20頁
14　村住英也、前田幸子、羽場庸子、帰山絵津子「男性看護師のやりがいに関して：院内男性看護師の面接調査からの分析」『看護研究発表論文集録』38、2006年11月、49～52頁
15　近藤大志、浅野耕太、妹尾佳恵［他］「一般病棟における男性看護師の役割―患者への意識調査からの考察」『日本看護学会論文集　看護総合』38、2007年、115～117頁
16　小島礼奈、内山広志「男性看護師が職場で感じている思い―働きやすい環境づくりのために」『日本看護学会論文集　看護管理』38、2007年、36～38頁
17　松尾新也、小林治子、黒柳一枝「男性看護師の配置率とストレッサーに対する知覚との関係―A県の総合病院に勤務する男性看護師の質問紙調査より」『日本看護学会論文集　看護管理』38、2007年、366～368頁
18　山下美緒、太田垣美保、溝口直子、染谷淑子、森谷美智子、松井典子「WOCNが実施する人工肛門造設患者の性に関する指導：患者の性別による検討」『母性衛生』47(4)、2007年1月、539～546頁
19　矢原隆行「医師の女性化と看護師の男性化：変化をめぐる観察の差異」『保健医療社会学論集』18(2)、2007年(a) 3月、83～94頁
20　髙橋亮「男性看護師による組織市民行動に関する研究」『経営行動科学』20(2)、2007年6月、203～212頁
21　渡部真奈美「小児看護に従事する男性看護師の実態：看護管理者に対する質問紙調査から」『教育学研究室紀要：「教育とジェンダー」研究』7、2007年8月、2～14頁
22　渡部真奈美「小児看護に従事する男性看護師の実態：看護管理者に対する質問紙調査から（17-【B】ジェンダーと教育、1 一般研究発表I、発表要旨）『日本教育学会大會研究発表要項』66、2007年8月、168～169頁
23　北林司、萩原英子、鈴木珠水、福島成貴、小野寺綾、五十嵐裕、宮城英紀、町田烈「臨床で男性看護師が経験する女性看護師との差異」『群馬パース大学紀要』5、2007年9月、653～658頁
24　矢原隆行「男性ピンクカラーの社会学：ケア労働の男性化の諸相」『社会学評論』58(3)、2007年(b) 12月、343～356頁
25　石井俊行、坪井敬子「男性看護師の羞恥心を伴うケアへの思いと実施状況」『日本看護学会論文集　看護総合』39、2008年、110～112頁
26　津田隆行、座安初美、戸田幸子「泌尿器科入院患者の男性看護師への認識の変化―男性患者のジェンダーの視点から」『日本看護学会論文集　看護総合』39、2008年、113～115頁
27　坪之内建治、有田広美「男性看護師が感じる困難とそれらの困難を経験して成長する過程」『日本看護学会論文集　看護管理』39、2008年、309～311頁
28　貝沼純、斎藤美代、佐藤尚子、宍戸朋子、林正幸「女性看護師が男性看護師に

期待する職務・役割に関する調査研究」『福島県立医科大学看護学部紀要』10、2008年3月、23〜30頁
　29　福島友代、荻原憂樹、中村恵美子「男性看護師が抱える不安の有無と目指す将来像」『日本農村医学会雑誌』57(3)、449頁、2008年9月
　30　大内隆、井上誠、井上セツ子「精神科病棟で暴れる患者に対する男性看護師の心情の考察」『日本看護学会論文集　精神看護』40、2009年、36〜38頁
　31　奥平直也、板東良枝、田村智子［他］「羞恥心を伴う看護ケアに関する調査」『日本看護学会論文集　看護管理』40、2009年、99〜101頁
　32　緒方昭子、内柱明子、土屋八千代「新人男性看護師の経験：2年目新人男性看護師の語りから」『南九州看護研究誌』8(1)、2010年、33〜39頁
　33　桐明孝光「男性看護師のキャリア意識の分析—大学病院に勤務するスペシャリストおよび看護管理者へのインタビューを通して」『日本看護学会論文集　看護管理』41、2010年、29〜32頁
　34　松岡真弓、藤田倫子「性差による看護師—患者関係における共感と信頼の特徴：女性看護師と男性看護師との相違から」『看護・保健科学研究誌』10、2010年6月、210〜219頁
5）男性職に参入した女性にはある段階に来ると昇進を阻む見えない障壁がある。これを「ガラスの天井」という。それに対し、女性職に従事する男性は女性より昇進が早い。男性だけに「ガラスのエスカレーター」が用意され、昇進の機会が与えられる（Williams 1992）。
6）男性保育士に関する資料11件。
　01　堀建治、加藤陽平「男性保育士の実態に関する調査研究：N市民間保育所を中心に」『日本保育学会大会研究論文集（53）、2000年4月、630〜631頁
　02　那須信樹、小崎恭弘、木下比呂美、近藤浩司、高濱正文、中田奈月、西岡孝洋、相浦千恵子、河野ゆかり「男性保育者は本当に必要か!?：保育者と"男性"保育者の間で揺らぐ"男性保育者"たち」『日本保育学会大会研究論文集』（54）、2001年4月、S52〜S53頁
　03　中田奈月「「男性保育者」の創出—男性の存在が職場の人間関係に及ぼす影響」『保育学研究』（40）、2002年、196〜204頁
　04　菊地政隆「男性保育者に対する態度—女性保育者・保護者・学生からみて」『保育学研究』（40）、2002年、205〜211頁
　05　芝崎良典「保育士養成課程に在籍する学生の性役割認知と保育観」『広島大学心理学研究：Hiroshima psychological research 3』、2004年3月、169〜176頁
　06　中田奈月、前迫ゆり、智原江美、石田慎二、高岡昌子、福田公教「奈良県保育所における男性保育士の実態と課題」『研究紀要』12、2004年12月、51〜61頁
　07　中田奈月、前迫ゆり「男性保育士として仕事を続ける：在学生・卒業生・現役

男性保育士のワークショップ」『研究紀要』13、2005 年、79 ～ 94 頁
　08　林幸治、田尻由美子「「自然とかかわる保育」の実践的保育指導力の男女差について」『近畿大学九州短期大学研究紀要』35、2005 年 12 月、61 ～ 72 頁
　09　高橋健司「子どもの問題行動と家庭環境についての一考察：男性保育士としての関わりに視点をおいて（第 6 回創価大学教育研究大会報告）」『創大教育研究』17、2008 年 3 月、29-33 頁
　10　村田敦郎、金子勝司「父親論にみる男性保育士の役割に関する考察」『共栄学園短期大学研究紀要』24、2008 年 3 月、109 ～ 121 頁
　11　中村涼「K531 男性保育士に対する女性保育士の意識と性役割観との関連（口頭セッション88 保育士の成長）」『日本教育心理学会総会発表論文集』(52)、2010 年 7 月、753 頁

参考文献

Williams, C. L., *Still a Man's World*, Berkeley: University of California Press, 1995.
岡田正章「保母の社会的地位の向上をめざして」岡田正章他編『戦後保育史　第二巻』フレーベル館、1980 年、315-322
Kanter, R., M., *Men and Women of the Corporation*, New York: Basic Books, 1977（高井葉子訳『企業のなかの男と女』生産性出版、1995 年）
木本喜美子「女の仕事と男の仕事　性別職務分離のメカニズム」鎌田とし子・矢澤澄子・木本喜美子編『講座社会学 14　ジェンダー』東京大学出版会、1999 年
木本喜美子・深沢和子『現代日本の女性労働とジェンダー』ミネルヴァ書房、2000 年
木本喜美子『女性労働とマネジメント』勁草書房、2003 年
首藤若菜『統合される男女の職場』勁草書房、2003 年
全国保育士養成協議会監修『保育士まるごとガイド［第 3 版］』ミネルヴァ書房、2010 年
中田奈月「『男性保育者』の創出―男性の存在が職場の人間関係に及ぼす影響―」『保育学研究』40(2)、2002 年、8 ～ 16 頁
日本看護歴史学会編『日本の看護 120 年―歴史をつくるあなたへ』日本看護協会出版会、2008 年
保健師助産師看護師法 60 年史編纂委員会編『保健師助産師看護師法 60 年史―看護行政のあゆみと看護の発展』日本看護協会出版会、2009 年
丸岡秀子・山口美代子編『日本婦人問題資料集成　第十巻＝近代日本婦人問題年表』ドメス出版、1980 年
村尾祐美子『労働市場とジェンダー―雇用労働における男女不公平の解消に向けて―』東洋館出版社、2003 年
矢原隆行「男性ピンクカラーの社会学―ケア労働の男性化の諸相」『社会学評論』58(3)、2007 年（b）、343 ～ 356 頁

第6章
政治の男女共同参画

　1999（平成11）年6月に制定された「男女共同参画社会基本法」は、男女共同参画社会の形成について次のように定義している。
　「男女が、社会の対等な構成員として、自らの意思によって社会のあらゆる分野における活動に参画する機会が確保され、もって男女が均等に政治的、経済的、社会的及び文化的利益を享受することができ、かつ、共に責任を担うべき社会を形成することをいう」
　そして5条で、「政策等の立案及び決定への共同参画」をあげている。現在の日本では、政治の分野において男女が対等な構成員として参画の機会が確保され、均等に利益を享受し、ともに責任を担っているといえるのだろうか。

1. 政治参加

1）参政権の獲得
　日本の歴史をふり返ってみると、男女とも参政権を獲得できたのはそれほど昔のことではない。1874（明治7）年に板垣退助らが「民撰議院設立建白書」を政府に提出し、民権運動が始まった。建白の内容は、士族と豪農の政治参加を求めたもので、広く国民の参政権を主張したものではなかった。「上流の民権」論にすぎなかった。高知の立志社など民権政社が各地で結成され、その連合体として「愛国社」が結成された。民権運動家たちは1880（明治13）年に

国会期成同盟を結成し、国会開設を請願した。これに対し、政府は1881（明治14）年に国会開設の勅諭を出し、1890（明治23）年に国会開設を国民に約束した。そして、板垣退助を党首とする自由党、大隈重信を党首とする立憲改進党などの政党が結成された。

自由民権運動は男性の参政権獲得運動であったが、各地で開かれた自由民権の演説を女性たちも熱心に聞いていた。その演説に触発され、土佐高知に住む女性が区会議員の選挙権を戸主として要求する文書を1878（明治11）年に、県庁に提出している。この女性、楠瀬喜多は自分は未亡人で戸主として戸税を払っているが、税金だけ払って選挙権がないのはおかしい、選挙権がないなら戸税を支払わないと訴えたのである。彼女は「民権ばあさん」と呼ばれ土佐の民権運動の演説会に熱心に参加し、人民の権利の主張を身に付けたといわれている（米田、1972年、40～42頁）。当時、自治体の区会議員の選挙については、女性に選挙権を認めていた地域もあったといわれている（鈴木、1996年）。それにしても、明治10年代という時期に、選挙権を要求し、権利において男女不平等ならば、女性は男性と同等の納税義務はないはずだと主張したのである。

女性の民権活動家としては、岸田俊子、影山英子がよく知られている。岸田俊子は「婦女の道」と題する演説を行い、それが評判になり彼女の演説を聴くために人が集まるようになった。その結果、政治に無関心であった女性を引きつけることにもなったといわれる。

1889（明治22）年に大日本帝国憲法が発布され、翌90年に帝国議会が開設されたが、女性の参政権は認められず、男性についても直接国税15円以上を納める25歳以上の者に限られた。当時、25歳以上の男性は約1,000万人で全人口の25％であったが、有権者は約45万人で全人口の1.1％にすぎなかった。さらに、女性たちにとって重大な問題は、女性が政党に加入することや政治集会の発起人になること、政治演説会を聞きに行くことを禁止した「集会及び政社法」が1890（明治23）年に公布されたことである。女性にとって、それまで男性とともに可能であった政治参加への道が閉ざされてしまったのである。

1900（明治33）年、選挙法が改正され、有権者の資格は直接国税10円以

上を納める25歳以上の男子となった。都市商工業者の権利を拡大し、これで有権者は約98万人、全人口の2.2％になった。しかし、同じ年に「集会及び政社法」を引き継いで制定された「治安警察法」によって、女性の政治活動は禁止されたままであった。

1918（大正7）年に富山県魚津町の主婦が中心となった米騒動が全国的な広がりをみせ、これをきっかけに普通選挙獲得運動が高揚していった。1919年選挙法が改正され、有権者資格は直接国税3円以上の25歳以上男子納税者に拡大された。有権者は約307万人となり全人口の約5.5％を占めるようになった。さらに、1925（大正14）年には普通選挙法が公布され、25歳以上の男子は選挙権を、30歳以上の男子は被選挙権を行使できるようになった。有権者は約1,241万人、全人口の約20.4％となった。

この間、女性たちは1919（大正8）年に婦人参政権などの獲得を目指して、平塚らいてう、市川房枝、奥むめおらが、「新婦人協会」を設立した。新婦人協会はその最初の活動として治安警察法5条（女子の政治結社加入、政談演説会主催および参加の禁止）改正請願運動を行い、その結果、1922（大正11）年3月、5条は一部改正され、女性は政談演説会の主催と演説会への参加が認められることになった。1924（大正13）年には久布白落実、市川房枝らが中心となって「婦人参政権獲得期成同盟会」が結成され、婦選運動が本格化した。しかし、女性参政権の獲得は第2次世界大戦敗戦後まで待たなければならなかった。

1945（昭和20）年12月、第2次世界大戦終了後、選挙法が改正され、有権者資格は男女とも20歳以上になり、女性は参政権を獲得した。政治制度としては男女平等になったのである。改正選挙法に基づいて行われた1946年4月10日の総選挙で女性は79名が立候補し、39名の女性議員が誕生した。有権者は3,688万人、全人口の約50.4％となった。直近の2010年7月の参議院議員選挙時点で、有権者は1億402万9,000人で全人口の約81％となっている。ちなみに世界初の女性参政権が実施されたのは1893年のニュージーランドであった。

2) 投票率

　政治に参加する権利は獲得したけれど、その権利を行使しなければ意味がない。まず、政治参加という面から投票率をみてみよう。第2次大戦後第1回の選挙は先に述べたように1946（昭和21）年に行われた、第22回（帝国議会から通算）の衆議院議員総選挙であった。そのときの投票率は、女性67.0％、男性78.5％で男性の方が高かった。その後、1969（昭和44）年以来、女性の投票率が男性を上回るようになったが男女とも投票率は落ち込んでいる。2009（平成21）年8月30日の民主党が第1党となった選挙では投票率が多少回復し、男性の投票率が女性より若干高くなった（女性69.1％、男性69.5％）。

　参議院議員選挙では、第1回参議院議員通常選挙が1947（昭和22）年に行われ、そのときの投票率は、女性54.0％、男性68.4％と男女とも衆議院に比べ低かった。参議院の場合も1968（昭和43）年から女性の投票率が男性を上回っている。最近、参議院の存在意義について、さまざまな議論が行われているが、男女とも衆議院の投票率より低い。

　投票率の高さが政治への主体的関与を意味するものではないが、最近の選挙で棄権者が多いことが問題となっている。棄権者が多いということは一握りの有権者の支持で当選できるということであり、一部の民意しか反映されていないことになる。棄権に対し罰則を設けるなど強制投票制をとっている国や、主体的に登録した者だけが投票できる自発的登録制度をとっている国などがあるが、日本ではまだ方向性が定まっていない。また選挙区によって有権者の数に大きな差がある1票の格差や在留外国人の選挙権を認めるかなども問題となっている。

2. 政策決定過程への参画

　「参加」と「参画」という言葉は似ているが「参画」は「参加」とは異なりそこに一員として参加するだけでなく、直接方針決定や企画に携わり、方向性

を決める役割を果たすことである。政治に関しても投票をすることだけでなく、議員や首長として物事を決定する場面に加わることである。参画の目標となっているのが「2020年30％」である。これは、2003（平成15）年6月に、男女共同参画推進本部が「社会のあらゆる分野において、2020年までに、指導的地位に女性が占める割合が少なくとも30％程度になるよう期待する」とあげた目標である。日本では、政治の分野でこの目標は達成できるのだろうか。

1）国会議員

　衆議院議員への参画状況をみてみよう。先に述べたように、1946（昭和21）年4月に戦後初めての衆議院総選挙が実施され、女性は79名が立候補した。立候補者に占める割合は2.9％であった。当選者は39名で、8.4％に当たる。その後、女性当選者の数は伸び悩み、2％台が続き、第1回目の当選者に占める女性割合をなかなか超えることができなかった。第1回の選挙では、女性が参政権を得て初めての選挙で政治参画の意欲が高まっていたから多数当選

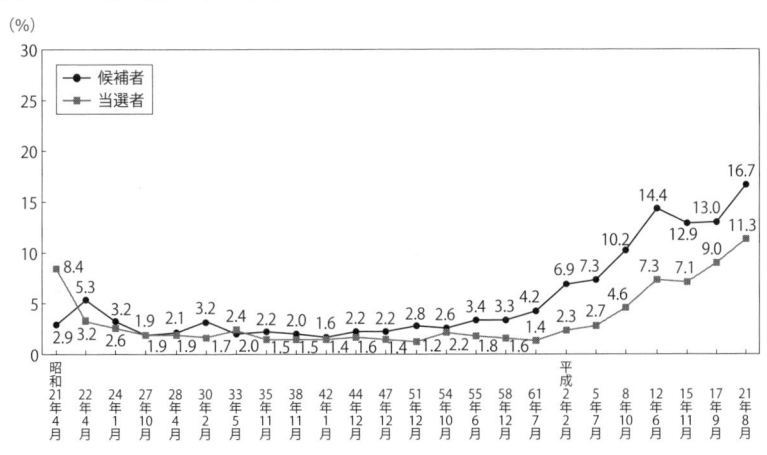

図表6-1　衆議院議員選挙の候補者、当選者に占める女性割合の推移

（備考）総務省「衆議院議員選挙・最高裁判所裁判官国民審査結果調」より作成
（出典）内閣府『平成23年版　男女共同参画白書』

第6章　政治の男女共同参画

できたということもあるが、戦時中の業務事情により戦後公職追放になった夫の身代わりとして立候補した女性が多かったことも要因の一つにあげられている。また、第1回の選挙ではその後の選挙とやり方が異なっていたため当選者に占める女性割合が高かったともいわれている。

その後、2005（平成17）年9月に郵政民営化を問う選挙で、小泉首相が民営化に反対する自民党議員の選挙区に積極的に女性の刺客を送り込んだことで、女性が43名当選し、9.0％とようやく第1回総選挙の8.4％を超えることができた。2009（平成21）年8月の民主党が第1党になった選挙では、さらに女性議員の数は増え54名が当選し、当選者に占める女性割合は11.3％となった。このときも民主党の小沢氏が積極的に女性新人を立候補させたことが結果として女性当選者を増やすことになったといえよう。

現在の衆議院選挙は小選挙区比例代表並立制である。1選挙区から1人しか選ばれない小選挙区では女性は選ばれにくく、不利である。比例代表制は、名簿の上位に女性が記載されていれば、当選の確率は高い。女性たちは女性議員を増やすために、比例代表の名簿に女性、男性の順で記載して欲しいと要望している。

参議院議員は、貴族院に代わって戦後新しく設けられた制度で、第1回の選挙は1947（昭和22）年に行われた。女性議員は10名が当選し、当選者に占める女性割合は4.0％であった。1989（平成元）年の参議院選挙では女性のパワーが噴出し、22名が当選した。この選挙では消費税の導入や農作物輸入自由化という経済問題に加えて、当時の首相の女性スキャンダルが争点となり、女性候補者の活躍が目立った。とくに、議論を煮詰めないまま反対を押し切って施行された消費税については、買い物のたびに消費税を払うことになり、女性が政治への関心を高めたといわれる。女性立候補者も146名とそれまでになく多く、非改選議員（3年ごとに半数改選）と合わせて女性は33名に増え、女性比率も13％になった（原・藤原、1990年、1099頁）。参議院は衆議院より当選者に占める女性割合は高く、2007（平成19）年には26人で21.5％と2割を超えたが、3年後の2010年は17人で14.0％に落ち込んだ。その後、非改選議員を含めて44人、18.2％となっている（2012年8月現在）。

図表 6-2　参議院議員選挙の候補者、当選者に占める女性割合の推移

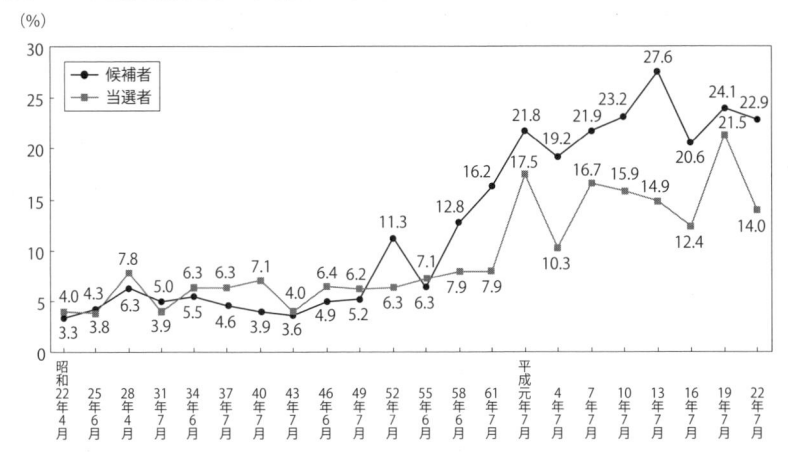

(%)

年月	候補者	当選者
昭和22年4月	4.0	3.3
25年6月	4.3	3.8
28年4月	6.3	7.8
31年7月	5.0	3.9
34年6月	6.3	5.5
37年7月	6.3	4.6
40年7月	3.9	7.1
43年7月	4.0	3.6
46年6月	6.4	4.9
49年7月	6.2	5.2
52年7月	11.3	6.3
55年6月	7.1	6.3
58年6月	12.8	7.9
61年7月	16.2	7.9
平成元年7月	21.8	17.5
4年7月	19.2	10.3
7年7月	21.9	16.7
10年7月	23.2	15.9
13年7月	27.6	14.9
16年7月	20.6	12.4
19年7月	24.1	21.5
22年7月	22.9	14.0

（備考）総務省「参議院議員通常選挙結果調」より作成
（出典）内閣府『平成 23 年版　男女共同参画白書』

　女性議員を増やすためには、女性の立候補者数を増やすことが重要である。衆議院議員選挙では、1990（平成2）年頃から女性候補者が増え始め、1996（平成8）年には1割を超え、2009（平成21）年には16.7％を占めるようになった。参議院は全般に衆議院より女性候補者の割合が高い傾向にあり、先に紹介した1989（平成元）年の選挙では21.8％と2割を超え、2010（平成22）年の選挙では女性候補者率は22.9％であった（図表6-2）。国の「第3次男女共同参画基本計画」では、衆議院、参議院とも候補者に占める女性の割合の成果目標を30％（2020年までに）としている。

2）地方議会議員

図表 6-3　都道府県議会の女性議員数と割合

都道府県	都道府県議会			
	議員現員数（a）	女性議員（b）	女性比率（b/a%）	
東 京 都	126	24	19.0	
長 野 県	58	10	17.2	15%以上　3団体
滋 賀 県	47	8	17.0	
沖 縄 県	48	7	14.6	
鳥 取 県	35	5	14.3	
奈 良 県	44	6	13.6	
山 梨 県	35	4	11.4	10～15%未満　8団体
福 島 県	53	6	11.3	
神 奈 川 県	98	11	11.2	
兵 庫 県	90	10	11.1	
岩 手 県	47	5	10.6	
京 都 府	61	6	9.8	
秋 田 県	44	4	9.1	
北 海 道	100	9	9.0	
静 岡 県	70	6	8.6	
山 口 県	47	4	8.5	
新 潟 県	49	4	8.2	
千 葉 県	88	7	8.0	
茨 城 県	64	5	7.8	
岡 山 県	55	4	7.3	
山 形 県	43	3	7.0	
石 川 県	44	3	6.8	
愛 媛 県	44	3	6.8	
宮 城 県	60	4	6.7	5～10%未満　25団体
長 崎 県	45	3	6.7	
群 馬 県	47	3	6.4	
大 阪 府	112	7	6.3	
熊 本 県	48	3	6.3	
鹿 児 島 県	53	3	5.7	
埼 玉 県	89	5	5.6	
富 山 県	37	2	5.4	
島 根 県	37	2	5.4	
高 知 県	38	2	5.3	
愛 知 県	100	5	5.0	
徳 島 県	40	2	5.0	
佐 賀 県	40	2	5.0	
宮 崎 県	42	2	4.8	
広 島 県	65	3	4.6	
和 歌 山 県	44	2	4.5	
香 川 県	44	2	4.5	3～5%未満　8団体
岐 阜 県	45	2	4.4	
栃 木 県	47	2	4.3	
三 重 県	49	2	4.1	
福 岡 県	84	3	3.6	
大 分 県	42	1	2.4	3%未満　2団体
青 森 県	45	1	2.2	
福 井 県	38	0	0.0	0%
計	2681	217	8.1	

（備考）総務省「地方公共団体の議会の議員および長の所属党派別人員調等」（平成22年12月31日現在）より作成

（出典）内閣府『平成23年版　男女共同参画白書』

内閣府の「政策・方針決定過程への女性の参画状況」(2011年調査)によれば、2010 (平成22) 年12月現在、都道府県議会における女性議員は217名で総数に占める割合は8.1％である。女性議員ゼロは福井県だけである。政令指定都市の市議会の女性議員は17.6％、市議会全体では12.7％、特別区議会では24.6％を占める。町村議会の女性議員は8.1％を占めている。女性地方議会議員は全体では11.1％になっている。市町村合併により議員定数は減少しており、女性議員の数も減少しているが、割合はわずかながら増え続けている。

　諸外国では国会議員よりも地方議会議員の方が女性は進出しやすいといわれているが、日本は例外で、地方の議会の方が女性議員の割合は少なかった。政治の体質が古く、地域によっては選挙せずに議員が無投票で決まるところも少

図表6-4　地方議会における女性議員割合の推移

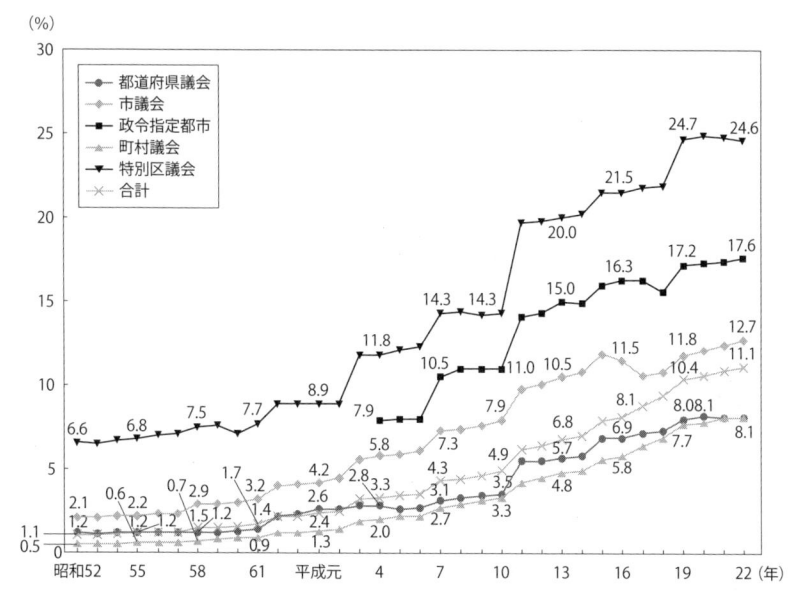

(備考) 1. 総務省「地方公共団体の議会の議員および所属党派別人員調等」より作成
　　　 2. 各年12月現在
(出典) 内閣府『平成23年版　男女共同参画白書』

なくない。地方によっては投票者が誰に投票したかわかるので、隣近所の目を気にして自由に投票できないところもあるといわれる。しかしながら、女性議員が過半数を占める神奈川県大磯町[1]のような事例も出てきており、現在は地方でも女性議員が増えつつある。地域における活動から経験を積んで、自分たちの住んでいる街を住みやすい街にしていこうと議員に立候補する女性たちも増えてきている。

3）閣僚と首長

　日本では女性の首相はまだ登場していない。初の女性大臣は1960（昭和35）年に厚生大臣になった中山マサである。1946（昭和21）年に女性が議員になってから、14年たってやっと女性大臣が登場したのである。その後も女性大臣の数は決して多くはない。2011（平成23）年の野田内閣では蓮舫（行政刷新担当）と小宮山洋子（厚生労働）の2名で、閣僚に占める割合は11.8％である。蓮舫は2012年1月13日に退任しており、その後は1名である。あまりにも少ない。

　女性知事については、2000（平成12）年に大阪府で太田房江が初めて選ばれ、2012年4月1日時点では、北海道の高橋はるみ、滋賀県の嘉田由紀子、山形県の吉村美栄子の3名である。47都道府県知事に占める割合は、6.4％である。市長および区長は1991（平成3）年に兵庫県芦屋市で初の女性市長が誕生以来、2012年4月1日時点では、宮城県仙台市、茨城県常総市、東京都足立区、東京都新宿区、東京都三鷹市、神奈川県横浜市、神奈川県伊勢原市、新潟県魚沼市、三重県鈴鹿市、滋賀県大津市、京都府木津川市、兵庫県尼崎市、兵庫県宝塚市、岡山県倉敷市、山口県宇部市、長崎県五島市[2]、沖縄県沖縄市、の17名である。市長および区長810名に占める割合は2.1％である。町長および村長については、北海道東神楽町、栃木県野木町、埼玉県越生町、京都府与謝野町、大阪府田尻町、兵庫県播磨町、福岡県苅田町の7名で町長および村長932名の0.8％である（『女性展望』2012年5月号、（財）地方自治情報センター、2012年）。2回3回と選出される女性首長も出てきているが、あまりに少ないのが現状である。

98

3. 世界の女性との比較

1）ジェンダー・ギャップ指数

　国連開発計画（UNDP）は、各国の平均寿命、知識（平均就学年数および予想就学年数）、1人当たり国民総所得（GNI）を用いて、「長寿で健康な生活」「知識」および「人間らしい生活水準」という人間開発の三つの側面を測定した指数である「人間開発指数」（HDI）と、国家の人間開発の達成が男女の不平等によってどの程度妨げられているかを明らかにする「ジェンダー不平等指数」（GII）を発表している。GII は 2010 年に新たに作成・公表された指数で、具体的には「保健分野」（妊産婦死亡率、15 ～ 19 歳女性 1,000 人当たりの出生数）、「エンパワーメント」（国会議員女性割合、中等教育以上の教育を受けた男女別割合）、「労働市場」（男女別労働力率）の3側面5指標から構成されている。さらに、「世界経済フォーラム」が各国内の男女間格差を数値化したジェンダー・ギャップ指数（GGI）を公表している。GGI は経済分野、教育分野、政治分野、保健分野のデータから算出され、0 は完全不平等、1 は完全平等を意味しており、性別による格差を明らかにできるとしている[3]（内閣府、2011 年、51 ～ 52 頁）。

　2010（平成 22）年に国連開発計画が発表した「人間開発指数」は測定可能な 169 か国中、日本は 11 位であるが、ジェンダー不平等指数は測定可能な 138 か国中 12 位。同じく 2010 年に世界経済フォーラムが発表したジェンダー・ギャップ指数は測定可能な 134 か国中 94 位と低くなっている（同上、図表 6-5）。日本は、寿命や教育などの人間開発面では高いが、政治・経済活動における男女格差が大きく、女性が意思決定過程に十分参画できていないことが示されている。

2）諸外国の女性国会議員

　女性国会議員について諸外国と比較してみよう。列国議会同盟（IPU）による世界女性国会議員のデータ（2011 年 10 月 31 日現在）をみると、世界全体で女性下院議員の割合は 19.6％、上院は 18.2％である。日本の下院（衆議院）は先に述べたように 11.3％であり、データの得られた 187 か国中 122 位とい

図表6-5　人間開発指数、ジェンダー不平等指数、ジェンダー・ギャップ指数

人間開発指数（HDI）			ジェンダー不平等指数（GII）			ジェンダー・ギャップ指数（GGI）		
順位	国名	HDI値	順位	国名	GII値	順位	国名	GGI値
1	ノルウェー	0.938	1	オランダ	0.174	1	アイスランド	0.850
2	オーストラリア	0.937	2	デンマーク	0.209	2	ノルウェー	0.840
3	ニュージーランド	0.907	3	スウェーデン	0.212	3	フィンランド	0.826
4	米国	0.902	4	スイス	0.228	4	スウェーデン	0.802
5	アイルランド	0.895	5	ノルウェー	0.234	5	ニュージーランド	0.781
6	リヒテンシュタイン	0.891	6	ベルギー	0.236	6	アイルランド	0.777
7	オランダ	0.890	7	ドイツ	0.240	7	デンマーク	0.772
8	カナダ	0.888	8	フィンランド	0.248	8	レソト	0.768
9	スウェーデン	0.885	9	イタリア	0.251	9	フィリピン	0.765
10	ドイツ	0.885	10	シンガポール	0.255	10	スイス	0.756
11	日本	0.884	11	フランス	0.260	11	スペイン	0.755
12	韓国	0.877	12	日本	0.273	12	南アフリカ共和国	0.754
13	スイス	0.874	13	アイスランド	0.279	13	ドイツ	0.753
14	フランス	0.872	14	スペイン	0.280	14	ベルギー	0.751
15	イスラエル	0.872	15	キプロス共和国	0.284	15	英国	0.746
16	フィンランド	0.871	16	カナダ	0.289	16	スリランカ	0.746
17	アイスランド	0.869	17	スロベニア	0.293	17	オランダ	0.744
18	ベルギー	0.867	18	オーストラリア	0.296	18	ラトビア共和国	0.743
19	デンマーク	0.866	19	オーストリア	0.300	19	米国	0.741
20	スペイン	0.863	20	韓国	0.310	20	カナダ	0.737
21	香港	0.862	21	ポルトガル	0.310	21	トリニダード・トバゴ	0.735
22	ギリシャ	0.855	22	ラトビア共和国	0.316	22	モザンビーク	0.733
23	イタリア	0.854	23	ギリシャ	0.317	23	オーストラリア	0.727
24	ルクセンブルク	0.852	24	ルクセンブルク	0.318	24	キューバ	0.725
25	オーストリア	0.851	25	ニュージーランド	0.320	25	ナミビア	0.724
26	英国	0.849	26	ポーランド	0.325	26	ルクセンブルク	0.723
27	シンガポール	0.846	27	チェコ共和国	0.330	27	モンゴル	0.719
28	チェコ共和国	0.841	28	イスラエル	0.332	28	コスタリカ	0.719
29	スロベニア	0.828	29	アイルランド	0.344	29	アルゼンチン	0.719
30	アンドラ	0.824	30	クロアチア	0.345	30	ニカラグア	0.718
31	スロバキア	0.818	31	スロバキア	0.352	31	バルバドス	0.718
32	アラブ首長国連邦	0.815	32	英国	0.355	32	ポルトガル	0.717
33	マルタ	0.815	33	リトアニア	0.359	33	ウガンダ	0.717
34	エストニア	0.812	34	ハンガリー	0.382	34	モルドバ	0.716
35	キプロス共和国	0.810	35	マルタ	0.395	35	リトアニア	0.713
36	ハンガリー	0.805	36	ブルガリア	0.399	36	バハマ	0.713
37	ブルネイ	0.805	37	米国	0.400	37	オーストリア	0.709

順位	国名	HDI値	順位	国名	GII値	順位	国名	GGI値
38	カタール	0.803	38	中国	0.405	38	ガイアナ	0.709
39	バーレーン	0.801	39	エストニア	0.409	39	パナマ	0.707
40	ポルトガル	0.795	40	モルドバ	0.429	40	エクアドル	0.707
41	ポーランド	0.795	41	ロシア	0.442	41	カザフスタン	0.706
42	バルバドス	0.788	42	バルバドス	0.448	42	スロベニア	0.705
43	バハマ	0.784	43	クウェート	0.451	43	ポーランド	0.704
44	リトアニア	0.783	44	ウクライナ	0.463	44	ジャマイカ	0.704
45	チリ	0.783	45	アラブ首長国連邦	0.464	45	ロシア	0.704
46	アルゼンチン	0.775	46	モーリシャス	0.466	46	フランス	0.703
47	クウェート	0.771	47	キューバ	0.473	47	エストニア	0.702
48	ラトビア共和国	0.769	48	トリニダード・トバゴ	0.473	48	チリ	0.701
49	モンテネグロ	0.769	49	ルーマニア	0.478	49	マケドニア	0.700
50	ルーマニア	0.767	50	マレーシア	0.493	50	ブルガリア	0.698
51	クロアチア	0.767	51	コスタリカ	0.501	51	キルギス共和国	0.697
52	ウルグアイ	0.765	52	リビア	0.504	52	イスラエル	0.696
53	リビア	0.755	53	チリ	0.505	53	クロアチア	0.694
54	パナマ	0.755	54	ウルグアイ	0.508	54	ホンジュラス	0.693
55	サウジアラビア	0.752	55	バーレーン	0.512	55	コロンビア	0.693
56	メキシコ	0.750	56	チュニジア共和国	0.515	56	シンガポール	0.691
57	マレーシア	0.744	57	モンゴル	0.523	57	タイ	0.691
58	ブルガリア	0.743	58	ベトナム	0.530	58	ギリシャ	0.691
59	トリニダード・トバゴ	0.736	59	モルディブ	0.533	〃	〃	
60	セルビア	0.735	60	アルゼンチン	0.534	94	日本	0.652

(備考) 1. 国連開発計画（UNDP）「人間開発報告書2010」および世界経済フォーラム「The Global Gender Gap Report 2010」より作成
2. 測定可能な国数は、HDIは169か国、GIIは138か国、GGIは134か国
(出典) 内閣府『平成23年版 男女共同参画白書』

う低さで先進8か国（G8）の最下位である。上院（参議院）は18.2％で、二院制でデータのある73か国中35位である。下院の1位はアフリカのルワンダで女性議員の占める割合は56.3％と半数を超えている。次はヨーロッパのアンドラ（53.6％，フランスとスペインに囲まれた国）、セーシェル（45.2％）、スウェーデン（45.0％）、南アフリカ共和国（44.5％）などが続いている。以前は北欧諸

図表6-6　諸外国の国会議員に占める女性割合の推移

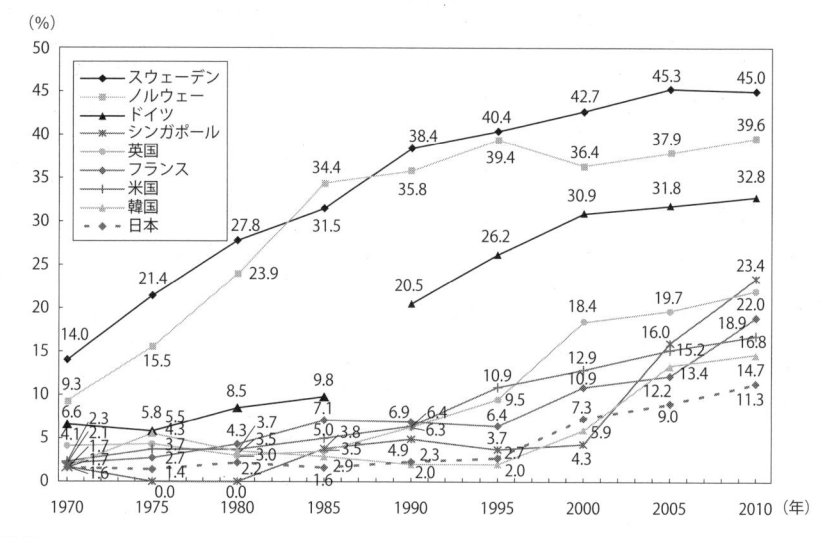

（備考）1. IPU資料より作成
　　　　2. 下院または一院制における女性議員割合
　　　　3. ドイツは1985年までは、西ドイツの数字
（出典）内閣府『平成23年版　男女共同参画白書』

国の女性議員割合が高かったが、最近はアフリカ諸国で高くなっている（『女性展望』2012年1月号）。

　日本と諸外国の国会議員に占める女性割合の推移をみると（図表6-6）、スウェーデンとノルウェーはともに、1970年代から1990年代にかけて国会議員に占める女性割合が大きく上昇し、最近では40％前後を占めるまでになっている。両国とも国会議員選挙では政党名簿式比例代表制がとられている。そして、多くの政党が議会に男女が均等な割合で参加することを目標にしており、政党による候補者名簿におけるクオータ制を導入している（内閣府、2011年）。

　アジアのシンガポールと韓国は2000（平成12）年までは日本より女性比率が低かったが、その後は日本より女性比率が高くなっている。シンガポールは小選挙区とグループ選挙区の並立制であり、クオータ制は導入されていないが、

選挙によらず大統領の任命により議員になる制度があり、積極的に女性が任命されているとのことである（同上）。韓国の国会議員選挙は小選挙区比例代表並立制がとられており、2000年に比例代表制における女性クオータ制が法律で規定された。当初は30％であったが、その後50％になった。さらに、候補者名簿の奇数順位を女性とするクオータ制が導入された（同上）。

閣僚についても、フランスで2012（平成24）年5月に新たに選ばれた社会党のオランド大統領は選挙中の公約に従い、閣内外の大臣34人のうち半数の17人を女性にした（2012年5月17日付朝日新聞夕刊）。

女性国会議員の割合が伸びた国はいずれもクオータ制の導入など、女性を積極的に議員にする制度がとられている。女性を政策・意思決定の場に増やしていくためには、初めは法的な措置が必要なのである。

4. 男女平等な政治参画のためには何が有効か

①クオータ制の導入

クオータ（quota）とは割当制度のことである。先に諸外国の例でみたように女性が議員になるためには、クオータ制度は有効である。日本の衆議院議員選挙の小選挙区制度は1選挙区から1人しか選ばれないため、女性は当選しにくい。比例制度はあらかじめ名簿が作られており、その名簿が固定されて、さらに女男の順になっていれば、つまり韓国のように奇数順位が女性とされていれば、女性は当選しやすい。日本政府も、2012（平成24）年4月、女性国会議員候補者を増やすことを各党に要請している（2012年4月25日付朝日新聞）。

ドイツは小選挙区比例代表併用制であるが、比例代表について1986年に緑の党が候補者名簿を男女交互にすること、奇数順位を女性とすることにした。その後、他の政党もクオータ制を導入している（内閣府、2011年）。フランスにおいては、2000年にパリテ法が成立し、選挙の候補者を男女同数にするクオータ制度が導入された（同上）。ドイツもフランスもクオータ制導入後女性議員が増えている。

②政治研修

　従来の政治は、力のある個人に立候補を任せていた。とくにカバン（資金）、地盤（後援会）、看板（知名度）の3バンがないと立候補しにくいといわれてきた。これからは政治家を目指す個人に対し、研修を行い、議員を育てていくことが重要である。(財)市川房枝記念会では1994（平成6）年に「女性の政治参画推進センター」（その後、「市川房枝政治参画センター」に名称変更）を立ち上げ、立候補予定者および支援グループ対象に学習講座を開いている（『婦人展望』1994年6月号）。講座の内容は、政治の基礎知識や政策研究、自分の抱える問題と政策との結び付け方、予算の読み方、選挙運動方法、資金の集め方などである。女性は政治に向かないというアレルギーを解消し、多くの人が政治に関心をもつような体制づくりが必要である。

③資金調達の方法

　選挙にはお金がかかる、というのが日本の常識になっている。女性候補者の資金不足を補うために選挙資金を会員から広く集め献金する募金者ネットワーク「WIN WIN (Women In New World, International Network)」が1999（平成11）年6月に発足した。これは、米国の「エミリーズ・リスト（EMILY'S LIST=Early Money is Like Yeast）」を参考にしたものである。エミリーズ・リストは1人でも多くの女性を政界に送り米国社会を変えようと運動する団体で1985（昭和60）年に誕生した。WIN WINでは国会議員選挙や知事選挙、地方統一選挙で多くの女性候補者を推薦し、会員から推薦候補者に資金を提供するシステムをとっていた。しかし、2006（平成18）年から組織を変更し、女性候補者を対象とした醵金による支援活動を休止し、奉仕活動による援助を中心に据えている[4]。

　選挙にお金がかかること自体がおかしなことで、議員の歳費を低くして議員になっても得をしない、議員活動そのものをボランティア的にすれば、お金がかからなくなるのではないかともいわれている。もっと若い人が積極的に立候補することができるようにするためにも、お金のかからない選挙にしていくことが重要である。

④支援ネットワークの確保

　民主主義の社会にあっては、政治は1人で行うものではない。議員活動も自分1人のために行うものではなく、あるグループを代表して行うものである。そうしたグループとのネットワークを確保し、政策活動のための情報提供と立法に対する監視活動を支援してもらうことが重要である。1人の情報より、より多くの人が集めた情報が有効であるのはいうまでもない。

⑤住民参加の制度化

　市民委員会や市民会議、公聴会、パブリック・コメントなどを活用し、審議会にも公募委員枠を確保し、なるべく市民が積極的に政策に参画できるようなシステムを構築していくことが重要である。日本でも従来から議員に対する陳情団などの圧力団体はあったが、議員の知り合いでなくても、一般市民がロビーイングしやすいシステム作りが必要である（①～⑤は『婦人展望』1999年2月号による）。

5. 男女平等な政治参画はなぜ必要か

　男女平等な政治への参画はなぜ必要なのだろうか。

①民主主義社会は、我々一人ひとりの意見が反映される社会であって欲しい。ましてや、社会の半分を占める女性の参画なしで女性のことを決めるのはおかしいのではないだろうか。
②男女がともに参加・参画することで、多様な視点が導入され、よりよい考え方が生まれる可能性が高い。現代のような複雑な社会で起こる課題については多様な考え方で対応していくことが必要である。
③男性にとってもよい刺激になり、よい競争になると考えられる。

　以上のようなことが考えられるが、何よりも有権者の政治教育が重要であ

る。最近ではポリティカル・リテラシーが問題になっている。小学生・中学生の頃から自分たちの社会のあり方を決めていく政治に関心をもち、自分の考えをはっきり言えるようにする教育をしていくことが必要である。

注
1) 神奈川県大磯町では 2007（平成 19）年の選挙で定数 14 人のうち女性議員が 8 人と過半数を占めた（『女性展望』2007 年 8 月号）。
2) 2012 年 8 月 26 日、男性市長になった。
3) ジェンダー・ギャップ指数（GGI）は具体的には次のデータから算出される。「経済分野」（労働力率、同じ仕事の賃金の同等性、所得の推計値、管理職に占める比率、専門職に占める比率）、「教育分野」（識字率、初等・中等・高等教育の各在学率）、「健康分野」（新生児の男女比率、健康寿命）、「政治分野」（国会議員に占める比率、閣僚の比率、最近 50 年の国家元首の在任年数）（内閣府、2011 年、52 頁）。
4) WIN WIN のホームページ http://www.winwinjp.org/concept/

参考文献
大海篤子『ジェンダーと政治参加』世織書房、2005 年
（財）市川房枝記念会出版部『婦人展望』1994 年 6 月号
（財）市川房枝記念会出版部『婦人展望』1999 年 2 月号
（財）市川房枝記念会出版部『女性展望』2007 年 8 月号
（財）市川房枝記念会女性と政治センター出版部『女性展望』2012 年 1 月号
（財）市川房枝記念会女性と政治センター出版部『女性展望』2012 年 5 月号
鈴木裕子編・解説『日本女性運動資料集成　第 2 巻　思想・政治Ⅱ』不二出版、1996 年
内閣府『平成 22 年版　男女共同参画白書』2010 年
内閣府『平成 23 年版　男女共同参画白書』2011 年
原ひろ子・藤原千賀「女性と社会」『'90 イミダス』集英社、1990 年
米田佐代子『近代日本女性史』上・下、新日本出版社、1972 年

第7章
人口問題とリプロダクティブ・ヘルス／ライツ

　リプロダクティブ・ヘルス／ライツ（reproductive health/rights）は日本語で、「性と生殖に関する健康・権利」と訳されている。性の自己決定権の保障、とくに産む・産まないということに関する自己決定権の保障を意味している。なぜこのようなことが問題になるのかというと、産むとか産まないということに関する自己決定権が保障されてこなかったからである。とくに、女性に対して保障されないことが多かった。

　男女共同参画社会基本法は3条で、「男女の人権の尊重」という理念をあげている。人権の基本的部分である個人の性と生殖に関する権利は日本でも他の国でも侵害されたり、ないがしろにされることが多かった。望まない妊娠をさせられたり、強制的に中絶させられたり、不妊手術をさせられたりしてきた。そして、それを正当化する法律まであった。それに対して、男女共同参画社会では個人の人権を尊重して、性と生殖に関する健康を保持するとともに、権利を保障することが求められている。

　リプロダクティブ・ヘルス／ライツという言葉は、1994（平成6）年9月にエジプトのカイロで開かれた国連主催の「国際人口・開発会議」（ICPD）で国際的に承認された。

1. 世界人口会議

1）人口問題と世界人口会議

　人口問題というと、日本では少子化と人口減少が問題となっている。出生率が伸び悩み、日本の人口は2005（平成17）年に減少に転じた。その後、一時的に人口が持ち直した年もあるが、国立社会保障・人口問題研究所の「日本の将来推計人口（平成24年1月推計）」によれば、2010（平成22）年の国勢調査による1億2,806万人から2030（平成42）年に1億1,662万人となり、2048（平成60）年には9,913万人に、2060（平成72）年には8,674万人に減少すると推計されている（国立社会保障・人口問題研究所、2012年）。

　しかし、世界的には人口増加が問題となっている。国連人口基金によれば、1950年に25億人だった世界人口は、2011年11月現在、70億人に達した。さらに、2050年には93億人になると推計されている。爆発的に増大する地球上の人口に対し、食糧問題や限りある地球の資源の使い方などが問題となり、世界全体で人口問題を話し合うことになった。

　政府間会合として第1回の世界人口会議は1974年にルーマニアのブカレストで開かれ、世界人口行動計画が採択された。会議の目的は、人口が増加している国々に対して、世界人口の増加は人類の将来を脅かしかねない、各国は人口増加抑制のための量的目標を設定し、女性を対象に出産制限など家族計画の普及に努めよ、というものであった。南の国々の「人口爆発」をいかに抑えるかが問題の中心であり、南の女性たちに避妊を迫るものであった。南の貧困は出生率増加のせいであり、人口増加は環境問題を引き起こしているとされた。これまでにも南の諸国では女性たちに対する出産調整として、強力なホルモン剤（ノアプラントなど）の使用や危険な不妊手術などが本人たちに詳しい説明もないまま強制的に実施されてきた（綿貫、1996年）。

　会議では、開発途上国はそうした出産調整の押しつけに対し、食糧不足や環境問題については北側（先進国）諸国の無駄な消費の方に問題があると反発した。討議の結果、人口政策はあくまで各国の主権の問題であり、家族計画については個人と夫婦の人権と自由を尊重すべきであるとされ、量的目標自体は具

体的数字をあげなかったが、基本的に是認された。人口問題自体の存在を否定していた国があったことを考えると、世界人口会議が開催され、行動計画が採択されたことに対して一定の評価が与えられたとのことである（外務省、1975年）。

　10年後の1984年に第2回世界人口会議がメキシコシティで開かれ、世界人口行動計画の実施状況をレビューし、その継続実施のための勧告が行われた。第1回会議から10年を経て、開発途上国の中にも家族計画の重要性を主張する国があり、人口計画が認知されるようになった。しかし、女性はまだ対象にすぎず、リプロダクティブ・ライツは保障されていなかった。

　1994年にエジプトのカイロで開かれた第3回会議は人口・持続的経済成長・持続可能な開発がメインテーマとされ、「国際人口・開発会議」として開催された（旧厚生省、1995年）。この会議では新しい視点が導入された。前2回の会議と違って、女性は単なる対象ではなく、女性の主体的選択という視点が盛り込まれた。会議では今後20年間を見据えた「行動計画」が策定され、人口と開発分野において個人の権利とウエルビーイング（身体的、精神的、社会的に良好であること）を重視し、女性の健康の自己決定権を保障する新しい理念となるようなリプロダクティブ・ヘルスと、それを求める権利という意味でのリプロダクティブ・ライツの考え方が盛り込まれた（旧厚生省、1995年）。

　第3回会議においては、人口問題は「数・量（マクロ）の視点」から女性の人権という「質（ミクロ）の視点」に変わり、女性は単なる対象から政策決定への参画という主体的な存在となった。それは、女性の主体的選択なくしては人口問題の解決はあり得ないからである。単に女性に避妊を強制するのではなく、人口抑制がなぜ必要か、女性が単に産む存在としてだけではなく、個人の尊厳を保ちつつ産むか、産まないかを自己決定していくことが重要だからである。その自己決定のためには女性に対する教育が不可欠であり、女性の権利の尊重が必要であることが話し合われた。開発途上国では、乳幼児死亡率が高く、老後に子どもの労働力をあてにする経済状況にあり、子どもをたくさん産まなければならなかった。たとえ女性が産みたくなくても避妊の方法がわからず、女性たちが産むか産まないかを自分たちで決定することができないまま、望ま

ない妊娠を避けることが難しかった。そうした状況を改善するためにも、女性たちが教育を受けることが必要だったのである。一方、会議では従来の女性のみを対象とする視点から、男性の健康も対象とする男女の性と生殖に関する健康と権利が問題とされるようになった。

第3回会議から5年後の1999年6月にはニューヨークで国連人口特別会議が開かれ、それに先立ち同年2月にオランダのハーグで国会議員の会議である「ハーグ議員フォーラム」が開かれた。会議から10年後の2004年には「カイロ＋10」という国際的円卓会議が開かれた。

2) リプロダクティブ・ヘルス／ライツと日本

1994年の第3回世界人口会議に向けて日本でも準備が進められていた。その準備の過程で、reproductive health/rights は官庁用語の訳として、日本では「妊娠と出産に関する健康／権利」とされていた。この訳では非常に狭い枠組みのとらえ方であり、新しい多面的な健康概念を表すことはできない（綿貫、1996年、21頁）。このことに気付いた女性たちは、世界会議のテーマに沿った訳語である「性と生殖に関する健康／権利」に変更するように要望した。というのは、「妊娠と出産」という訳語では女性は産むものであるとのジェンダー観を強化しており、産まない女性、産めない女性、更年期の女性、男性は除外されてしまう。世界会議では、単に人口政策、家族計画に関する目標を定めることではなく、子どもを産むか産まないかということに女性たちが主体的に取り組むことができるのか、女性だけでなく男性も含めた性と生殖に関する健康、とくに性感染症への対応や生涯を通じた人権尊重を基盤とする健康がテーマとなっていた。こうしたことを話し合うためには、会議への女性の参加が不可欠であり、日本政府代表団に女性やNGOを参加させることを女性たちは要望した。結果として、9月の第3回世界人口会議に日本政府代表団として女性NGOの代表が参加することになった。

また、女性たちは94年1月に世界人口会議に向けて「'94 カイロ国際人口・開発会議 女性と健康ネットワーク」を発足させた。

リプロダクティブ・ヘルス／ライツは先に述べたように、「性と生殖に関す

る健康と権利」であり、綿貫礼子は WHO の定義を引用して、「リプロダクティブ・ヘルスとは、生殖システムおよびその機能とプロセスに関わるすべての事象において、身体的、精神的、社会的に良好な状態（well-being）にあることを指す」「人々が安全で満足のいく性生活をもてること、子どもを産む可能性をもつこと、さらに産むかどうか、産むならいつ何人産むかを決める自由をもつことである」（綿貫、1996 年）という。リプロダクティブ・ライツについては「男女ともに自分の選んだ、安全で効果的で支払い可能な利用しやすい出生調節法（fertility regulation）について情報を得、その方法を入手する権利、および女性が安全に妊娠・出産でき、またカップルが可能な限り健康な子を持つ機会に恵まれるよう適切なヘルス・ケアーのサービスを入手する権利」（同上）としている。リプロダクティブ・ヘルス／ライツとは男女ともに生涯にわたる生殖に関する健康を保障し、男女ともに子どもを産むか産まないかに関する自己決定権をもてるように保障することを意味する。

2. 子どもを産むか産まないかの選択

　子どもを産むか産まないかということに関する自己決定権、つまりリプロダクティブ・ライツは保障されているのだろうか。子どもを産むか、産まないか、また、いつ産むかは女性の人生にとって重要な意味をもつ。それは、本来は男性にとっても重要なことである。

1）産む選択

　子どもを何人産むか、いつ産むかということに対し、最近の日本では女性たちはかなり主体的、積極的に選択することが可能である。しかし、子どもを産んだことは本当に主体的に選択したといえるのだろうか。『子供だけは生みたい症候群』（古沢由美子）という本がある。その中の事例では子どもを生んだことについて、夫はいらないけれど子どもだけは欲しいという場合、愛する相手、いとしく思う対象が欲しいという場合など、自ら選び取った場合もあるが、妊

娠したからやむを得ず生んだ未婚の母のように、主体的に選択したとはいえない場合もある。

2）産まない選択

では、産まない選択についてはどうだろうか、かなり意識的に選択せざるを得ない場合が多いのではないだろうか。産まない選択をしたとき、女性たちはどのような手段で産まないことを可能にするのだろうか。

①母体保護法

第2次大戦後、1948（昭和23）年に「優生上の見地から不良な子孫の出生を防止するとともに、母性の生命健康を保護すること」（1条）を目的とする中絶・不妊手術を定めた「優生保護法」が制定された。戦後の食糧難・住宅難の時代、許可条件を満たし医師の認定があれば、刑法堕胎罪に問われずに中絶ができるとした。翌年、「経済的理由により母体の健康を著しく害するおそれのあるもの」という中絶許可条項が加わった（大橋、2002年、472頁）。そのお陰で、米軍占領下で強姦されたり、戦後の混乱期に子育ての余裕がない女性たちにとって、ヤミ堕胎によって、傷ついたり命を落としたりしなくて済むようになった。しかし、高度経済成長期を過ぎた頃から、日本は豊かになったのだから"経済的理由"があるのはおかしいと、この条文を削除する法案が1972（昭和47）年と1982（昭和57）年の2度、国会に提出された。しかし、許可条件を狭めれば堕胎罪が生きてくると、女性たちは反対運動を展開し、改定を阻止することができた。刑法「堕胎罪」は中絶をした場合、その女性を有罪にするが、妊娠させた男性は全く罪に問われないというジェンダー・バイアスのある規定なのである（Hara, 2009）。

この優生保護法が1996（平成8）年に、一部自民党議員の提案で"優生部分"を削除して「母体保護法」に改正された。改正されたのは、精神障害が優生（不妊）手術の対象になるというような人権侵害にあたる優生部分の削除で、1条の目的は「不妊手術及び人工妊娠中絶に関する事項を定めること等により、母性の生命健康を保護すること」と書き換えられた。改正に至った理由は、実は先に

図表 7-1　人工妊娠中絶件数および実施率の年次推移

(単位：件)　　　各年度

	平成 18 年度 (2006)	平成 19 年度 (2007)	平成 20 年度 (2008)	平成 21 年度 (2009)	平成 22 年度 (2010)
総　数	276,352	256,672	242,326	226,878	212,694
20 歳未満	27,367	23,985	22,837	21,535	20,357
15 歳未満	340	345	347	395	415
15 歳	995	974	976	947	1,052
16 歳	3,071	2,811	2,771	2,548	2,594
17 歳	4,911	4,392	4,247	4,031	3,815
18 歳	7,191	6,245	6,071	5,683	5,190
19 歳	10,859	9,218	8,425	7,931	7,291
20 歳〜24 歳	68,563	62,523	56,419	51,339	47,089
25 歳〜29 歳	57,698	54,653	51,726	48,621	45,724
30 歳〜34 歳	57,516	52,718	49,473	45,847	42,206
35 歳〜39 歳	45,856	44,161	43,392	41,644	39,964
40 歳〜44 歳	17,725	17,145	17,066	16,544	15,983
45 歳〜49 歳	1,572	1,447	1,379	1,302	1,334
50 歳以上	26	24	22	27	25
不　詳	29	16	12	19	12

実施率（年齢階級別女子人口千対）

	平成 18 年度 (2006)	平成 19 年度 (2007)	平成 20 年度 (2008)	平成 21 年度 (2009)	平成 22 年度 (2010)
総　数	9.9	9.3	8.8	8.3	7.9
20 歳未満	8.7	7.8	7.6	7.3	6.9
15 歳	1.7	1.6	1.7	1.6	1.8
16 歳	5.1	4.8	4.7	4.4	4.4
17 歳	7.9	7.3	7.2	6.8	6.5
18 歳	11.2	10.0	10.0	9.6	8.8
19 歳	16.3	14.2	13.3	12.9	12.4
20 歳〜24 歳	19.2	17.8	16.3	15.3	14.9
25 歳〜29 歳	14.6	14.3	13.8	13.2	12.7
30 歳〜34 歳	12.1	11.4	11.2	10.8	10.3
35 歳〜39 歳	10.0	9.5	9.1	8.7	8.3
40 歳〜44 歳	4.5	4.2	4.1	3.9	3.7
45 歳〜49 歳	0.4	0.4	0.4	0.3	0.3

(注) 1. 平成 22 年度は、東日本大震災の影響により、福島県の相双保健福祉事務所管轄内の市町村が含まれていない
　　 2. 実施率の「総数」は、分母に 15 〜 49 歳の女子人口を用い、分子に 50 歳以上の数値を除いた「人工妊娠中絶件数」を用いて計算した
　　 3. 実施率の「20 歳未満」は、分母に 15 〜 19 歳の女子人口を用い、分子に 15 歳未満を含めた「人工妊娠中絶件数」を用いて計算した

(出典) 厚生労働省「平成 22 度衛生行政報告例の概況」

述べた1994 (平成6) 年に開かれた「国際人口・開発会議」で障害のある日本女性が「不良な子孫の出生を防止するという法の目的が障害者は子を産むべきでないという優生思想を正当化している。日本には、時代錯誤的な人権を無視した優生保護法がある」と訴えたこととそれに対する国際世論の賛同であった（丸本、1997年、19頁）。

　この法律に基づく人工妊娠中絶の実施率（15歳以上50歳未満女性人口1,000人に対する）をみると、1955 (昭和30) 年には実施率50.2という実に20人に1人という高率であり、件数は約117万件であった（厚生労働省、2001年）。それが、2001 (平成13) 年には実施率11.8、約34万件に下がった。2010 (平成22) 年は実施率7.9と100人に1人よりも少なくなり、件数も約21万件と低下を続けている（厚生労働省、2011年）。この中で問題となっているのは、20歳未満の若年層が約2万件と1割近くを占めていることである。1989 (平成元) 年からの年次推移をみると、20歳未満の人口妊娠中絶は1997 (平成9) 年頃から急増し、2000 (平成12) 年には4万件を超えているが、その後は減少傾向にある。ただし、全体的な件数としては20代、30代に多く、中絶体験者の大半が既婚女性といえるだろう。最近では、出生前診断が簡単に行われ、胎児異常を理由とする中絶が増加していることが問題になっている（2012年4月5日付朝日新聞）。

　他国の人口妊娠中絶の状況をみると、イスラム教の国やカソリックの国では中絶が認められていない国が多い。しかし、中絶禁止はヤミ中絶を増やすことになり、女性たちを危険な状態におくことになる。また、ヤミで実施することは治療費が高額になり、金銭的余裕のある人はできるが、貧しい人は危険な方法をとることになりかねない。

②低用量ピルの承認

　産まないことの選択として、経口避妊薬（ピル）の服用がある。避妊を目的としたホルモン量の少ない低用量の経口避妊薬が申請から9年たった1999 (平成11) 年6月に承認、9月から発売された。低用量ピルは開発からすでに40年以上経過しており、海外では広く使われていた。日本ではピル承認を求める

女性たちの声が強かったにもかかわらず、性風俗の乱れやHIVなどの性感染症問題と結び付けられ、なかなか認められなかった。ホルモン含有量の多い中・高用量ピルは月経困難症などの治療薬として承認されており、数十万人の女性が副作用を気にしながらこれを避妊薬として使用してきた。一方、男性用性的不能治療薬は申請から半年という早さで承認された。女性の低用量ピル不承認と比べた性のダブルスタンダードが問題視され、ピル承認を求める女性たちの声が高まった。また、先に述べた99年2月の国会議員の人口会議「ハーグ議員フォーラム」で日本の低用量ピル不承認が話題となったことなどが推進力となって承認に至った。

　低用量ピルは、正しく飲めば避妊効果は100％に近いといわれ、女性が望まない妊娠・出産を避け、産むか産まないかを主体的に決める手段となる。し

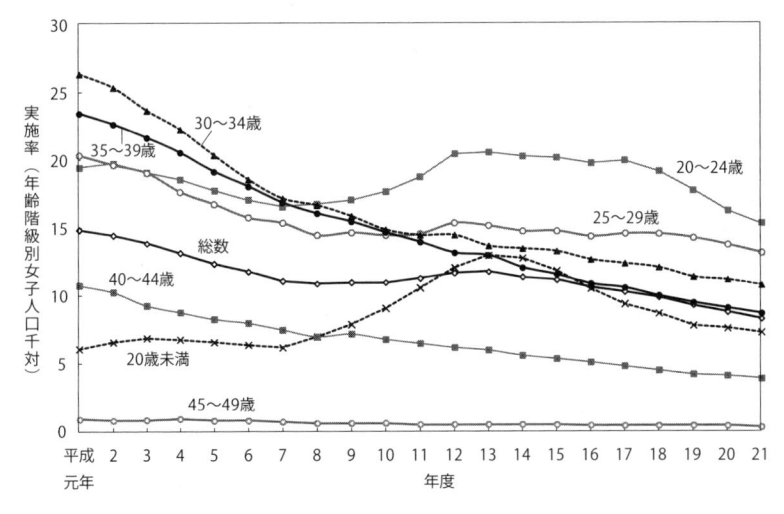

図表7-2　年齢階級別にみた人工妊娠中絶実施率の年次推移

(注) 1. 平成13年までは「母体保護統計報告」による暦年の数値であり、平成14年度以降は「衛生行政報告例」による年度の数値である
　　 2. 実施率は、各年齢階級別に女性人口1,000人当たりの実施割合を示している
(出典) 厚生労働省「平成21年度衛生行政報告例の概況」

かし、低用量ピルであっても血管内で血が固まる血栓症などの副作用があるため乳がんや肝障害、高血圧の人、35歳以上で1日15本以上の喫煙者などは使用禁止とされている。また、ピルは性感染症防止には有効でない。使用にあたっては医師の処方箋が必要であるが、病気の治療薬ではないとして、医療保険は適用されないなど、さまざまな問題が残されている。

　また、日本では人工妊娠中絶は認められているが、WHO（世界保健機関）が勧める中絶薬が認可されておらず、日本の女性は身体への負担が軽い手法を選びにくい状況にある（2012年4月19日付朝日新聞）とのことである。中絶薬は、正しく使えば自然流産に近い状態で中絶できる薬で、欧米では許可されているが、日本では発売の見込みはないとのことである。女性の身体の負担を軽減する新しい技術開発がされても日本ではすぐには導入されにくい国情がある。

　女性のみに身体的・精神的負担を強いるピルや人工妊娠中絶などに頼らず、妊娠・出産について男女がともに話し合い、互いの身体をいたわりあい、責任を分担しあうような対等な関係が望まれる。

3. 子どもを産めない場合

1）不妊治療

　不妊とは、生殖可能な年齢で正常な性生活を営み、かつ、避妊をしていないのに、2年間以上妊娠しない場合をいう。日本では、10組に1組は不妊といわれる。原因としては、女性側では子宮、卵巣、卵管の働きや状態により、排卵や卵子の移動、着床がうまくいかないなどであり、男性側では乏精子症、無精子症、精子無力症などがあげられる。治療は、男性が原因である場合も女性を対象とする技術として開発された。心身ともに苦痛である場合が多く、高額の治療費が必要とされ、時間もかかるため、仕事と両立しにくい。治療方法としては、人工授精、体外受精、顕微授精などがある。

①人工授精

人工的に精子を子宮に送り込む方法で、配偶者間人工授精（Artificial insemination by husband=AIH）と非配偶者間人工授精（Artificial insemination by donor=AID）とがある。AIH は夫の精子によるものであり、AID は夫以外の精子を使う。夫が無精子症などの夫婦のため、日本では 1949（昭和 24）年に最初の子どもが誕生して以来、慶応大学病院だけでも 1 万人以上が産まれたとされる（2009 年 6 月 2 日付朝日新聞）。AID の場合、子の父親が誰かという問題がある。

②体外受精

イギリスで 1978（昭和 53）年に体外受精が成功して、ルイーズ・ブラウンが産まれた。日本でも 1983（昭和 58）年に東北大学で成功した。体外受精は、卵巣から排卵直前の卵子を取り出し、培養基で精子を加え、受精卵を子宮に着床させる。1 回で成功することは少なく、長い年月がかかることもあり、検査や治療、ホルモン剤の副作用など、女性の身体への負担や精神的ストレスは大きい。体外受精には 1 回に 30 ～ 50 万円という高額の治療費がかかるといわれており、費用負担も大きい。卵管閉塞の場合などに有効で、成功率を上げるために、卵子の数を増やしたり、排卵を促す排卵誘発剤を使用し、多胎妊娠となる場合がある。母体と胎児の安全のため、一部を間引く「減数中絶手術」が行われることがある（堀口、1997 年、72 ～ 73 頁）。

日本には体外受精に関する法規定はなく、日本産婦人科学会が「会告」で夫婦間だけの体外受精を認めていたが、多様化する結婚のあり方に対応して、2006（平成 18）年に事実婚のカップルも認めるよう「会告」を改定した。日本国内の体外受精児は年間約 2 万 7,000 人に上り、出生児の 40 人に 1 人を占めるといわれる（2011 年 12 月 24 日付朝日新聞）。体外受精をめぐっては、死亡した夫の凍結精子を使い体外受精させる「死後生殖」の実施など、生まれた子どもと亡夫との親子関係の推定など、さまざまな問題が生じている。

③顕微授精

顕微授精は、精子が少なかったり、運動性がほとんどないなどの場合、顕微

鏡をみながら卵子と精子を操作し授精させる。

④治療費補助

　2003（平成15）年6月に制定された「少子化社会対策基本法」では少子化対策の一環として、13条2で「不妊治療を望む者に対し良質かつ適切な保健医療サービスが提供されるよう、不妊治療に係る情報の提供、不妊相談、不妊治療に係る研究に対する助成等必要な施策を講ずる」としている。2004（平成16）年には「特定不妊治療費助成事業」が始まり、2006（平成18）年には体外受精、顕微授精を対象に年間10万円、通算5年間、10回までの助成が実施されるようになった。2010（平成22）年には年収730万円未満の世帯に対し年間2回、30万円までの助成が行われるようになった（厚生労働省、2011年）。不妊治療を行っているカップルにとっては治療費助成はありがたい制度であるが、しかし、お金がかかるため治療をあきらめることができたのに、助成されるとかえって治療をやめにくくなるといわれる。また、最近では体外受精が増え、誤って別の患者の受精卵を移植するという受精卵の取り違えが起きている。

2）代理母

　妊娠、出産できない場合に、第3者に代理を依頼して子どもをもつことをいう。1976年に米国初の代理出産が行われた（大野、2009年、10頁）ということである。代理出産には以下のように3種類の方法がある。

①代理母（surrogate mother ＝サロゲート・マザー）

　人工授精型で、依頼人カップルの男性の精子を代理母の子宮に直接注入して妊娠させる方法である。代理母の卵子と依頼人の男性の精子を授精させるので、生まれた子どもは代理母とも遺伝的なつながりをもつ。そのため親子関係の問題が生じる可能性がある。

②代理出産母（host mother ＝ホスト・マザー）

依頼人カップルの体外受精した受精卵を代理母の子宮に移植し、代理母が妊娠・出産する「体外受精型」である。代理母と生まれてくる子どもの間には遺伝的つながりはない。2003（平成15）年にタレントの向井亜紀は夫との受精卵を米国人女性に移植した。代理出産で双子の男子が誕生したが、法律上の親子関係を認めないとし、出生届が受理されず、裁判になった。また、日本では代理出産は法的に認められていないが、2001（平成13）年に長野県の病院で、子宮切除で妊娠できなくなった姉に代わって妹が受精卵移植を受け出産したことが報道された（2001年5月19日付朝日新聞）。担当医は姉を思う妹の気持ちを大事にして出産に関わったというが、その後、姉妹の人間関係に問題が生じているともいわれている。また、同じような立場にある姉妹が代理出産を断りにくくなる状況も出てくるだろう。さらに、別の事例として、閉経後の女性が子宮摘出した自分の娘の受精卵を代わりに妊娠、出産するという孫の代理出産事例も報告されている（2006年12月26日付朝日新聞）。

③借り卵型出産

依頼人カップルの男性の精子と第三者の女性の卵子を体外受精して依頼人カップルの女性が妊娠・出産する。父と子には遺伝的なつながりがあるが、母と子に遺伝的なつながりはない。2011年（平成23）、国会議員の野田聖子が米国で第三者による卵子提供を受けて体外受精し、男児を出産した。

④代理母の問題点

代理母はさまざまな問題を含んでいる。まず、代理母先進国の米国の事例をみると、代理出産した女性が妊娠した子どもに愛情をもってしまい、子どもを依頼人に引き渡すことを拒否し、依頼人と代理母の間で親権を争う「ベビーM事件」が1984（昭和59）年に起きている。逆に、どちらも引き取りを拒否した例などが起こっている（大野、2009年、56頁）。どちらにしても犠牲になるのは生まれてきた子どもである。生まれてきた子どもにとっては、何人もの親が存在することも問題である。また、代理母がビジネス化しており、代理母に支払う謝礼の妥当性が問題になっている。見方によっては、赤ちゃん売買に

も当たるのではないだろうか。最近は、米国より安く済むということで、インドやタイで代理出産を望む日本人夫婦が急増しているとのことである（2011年2月19日付朝日新聞）。

　一方、代理母は貧しい女性が多く、貧困層のブリーダー階級化が問題となっている（大野、2009年、170頁）。実際に、不妊でなくても妊娠を他人に任せたい裕福な女性が体外受精卵を貧しい女性の子宮に移植する例も出てきている。日本では代理出産を規制する法律はないが、日本産科婦人科学会が禁止の指針を出している。しかし、実施は可能なため、法整備が不備なまま、次々と実施されているのが現状である。

　日本の政治家が「女性は子を産む機械である」（厚生労働大臣発言）との失言で失脚した例があるが、女性は子どもを産む機械なのか、多くの人が未だに心の隅でそう思っているのではないだろうか。「必要なのは、いい子宮だけだ」（大野、2009年、80頁）という米国の代理母斡旋業者の言葉がすべてを語っているといえよう。

4. リプロダクティブ・ヘルス／ライツは達成されたのか

　世界人口会議をはじめとして、女性たちは本人の意思とは関係なく、その時々の情勢によって、望まない妊娠をさせられたり、強制的に不妊・中絶手術をさせられてきた。1990年代に入って、ようやく女性の自己決定権の尊重が認識されるようになってきた。人口調整のためには、女性の識字率を上げること、女性の教育が有効であることに人々は気付き始めたのである。また、避妊の手段や生殖医療の発達によって、人類はこれまで考えられなかったような命の創造にまで近づいてきている（クローン人間）。とはいっても、男女のリプロダクティブ・ヘルス／ライツ、つまり、性と生殖の健康と権利は本当に保障されているのだろうか。

　世界の貧しい国の中には、十分な教育を与えられず、家族計画がわからず望まない妊娠を繰り返している女性たちがいる。貧しいが故にお金のために自分

の身体の一部である子宮を他人の子どもを産むために貸す女性がいる。発達した技術や医療が一部の人の幸福のために利用されるのではなく、すべての人々が健康で文化的な生活を営むために自分で選択できる、自己決定できる手段となるようにすることが必要である。

参考文献

青山温子・原ひろ子・喜多悦子『開発と健康―ジェンダーの視点から』有斐閣、2001年
芦野由利子・戸田清『人口危機のゆくえ』岩波ジュニア新書、1996年
井上輝子『新・女性学への招待』有斐閣、2011年
大野和基『代理出産　生殖ビジネスと命の尊厳』集英社新書、2009年
大橋由香子「優生保護法」井上輝子他編『岩波女性学事典』岩波書店、2002年
外務省『外交青書』1975年
国立社会保障・人口問題研究所「日本の将来推計人口（平成24年1月推計）」2012年
厚生省『平成7年版　厚生白書』1995年
厚生労働省「母体保護統計報告　昭和30年～平成13年」2001年
厚生労働省「平成21年度衛生行政報告例の概況」2010年
厚生労働省「平成22年度衛生行政報告例の概況」2011年
チェスラー、フィリス、佐藤雅彦訳『代理母―ベビーM事件の教訓』平凡社、1993年
柘植あづみ『文化としての生殖技術―不妊治療にたずさわる医師の語り』松籟社、1999年
Hara, Hiroko 'Women and Health' Japan Women's Watch ed. "JAPAN NGO REPORT 2009 For Beijing+15", 2009
古沢由美子『子供だけは生みたい症候群』幻冬舎文庫、1998年
堀口悦子「生殖技術」「代理母」横浜市女性協会編『女性問題キーワード』ドメス出版、1997年
丸本百合子・山本勝美『産む／産まないを悩むとき―母体保護法時代のいのち・からだ―』岩波ブックレットNO.426、1997年
綿貫礼子「リプロダクティブ・ヘルスの思想と環境」上野千鶴子・綿貫礼子『リプロダクティブ・ヘルスと環境―共に生きる世界へ』工作舎、1996年

第8章
男女共同参画時代の家族法（民法）

　この章では、個人から家族のあり方に目を移して家族に関する法律を男女共同参画の視点からみてみよう。結婚や離婚、夫婦や親子関係など個人的なことに関しても、社会が円満に進んでいくように、また、個人や社会にとって望ましいものであるように、さまざまな法律・制度が設けられている。しかし、現在では社会が急激に変化して法律・制度が時代遅れになり、実状に合わなくなっている状況がある。男女平等という視点からみると、家族のあり方を定めている民法は、実状にあっているのだろうか。男女共同参画時代にふさわしい家族法といえるのだろうか。

　内閣府の「男女共同参画社会に関する世論調査」（平成21年10月調査）をみると、「各分野で男女の地位は平等になっていると思うか」という質問に対し、「法律や制度の上」では「平等」の回答が男女合わせて44.4％を占める。「男性の方が非常に優遇されている」と「どちらかといえば男性の方が優遇されている」を合わせると41.3％で「平等」の回答が若干高い割合を占めている。これは他の分野「家庭生活」「職場」「教育」「政治」「社会通念・慣習・しきたり」などと比べると、「教育」の次に「平等」割合が高い。男女別にみると、とくに男性は「平等」が52.5％と半分を超えている（図表8-1）。

　確かに、表面的には法律・制度は男女差別がなく、中立的になっている場合が多い。しかし、「間接差別」といわれるような、実際は一方の性に不利な規定になっていることがあり、それに対して法律・制度的に何らかの措置をとらなければ差別がなくならない場合がある。民法に対しても見えない差別を改め

図表 8-1　法律や制度の上での男女の地位の平等感

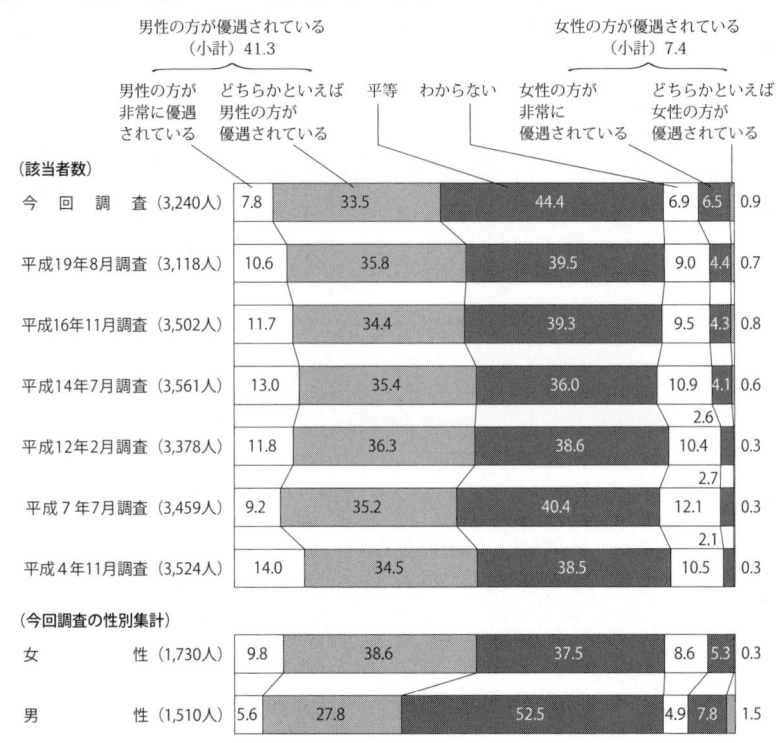

調査 (該当者数)	男性の方が非常に優遇されている	どちらかといえば男性の方が優遇されている	平等	わからない	女性の方が非常に優遇されている	どちらかといえば女性の方が優遇されている	
今回調査 (3,240人)	7.8	33.5	44.4	6.9	6.5	0.9	
平成19年8月調査 (3,118人)	10.6	35.8	39.5	9.0	4.4	0.7	
平成16年11月調査 (3,502人)	11.7	34.4	39.3	9.5	4.3	0.8	
平成14年7月調査 (3,561人)	13.0	35.4	36.0	10.9	4.1	0.6	
平成12年2月調査 (3,378人)	11.8	36.3	38.6	10.4	2.6	0.3	
平成7年7月調査 (3,459人)	9.2	35.2	40.4	12.1	2.7	0.3	
平成4年11月調査 (3,524人)	14.0	34.5	38.5	10.5	2.1	0.3	

（男性の方が優遇されている（小計）41.3／女性の方が優遇されている（小計）7.4）

（今回調査の性別集計）

	男性の方が非常に優遇されている	どちらかといえば男性の方が優遇されている	平等	わからない	女性の方が非常に優遇されている	どちらかといえば女性の方が優遇されている	
女性 (1,730人)	9.8	38.6	37.5	8.6	5.3	0.3	
男性 (1,510人)	5.6	27.8	52.5	4.9	7.8	1.5	

（注）項目によっては四捨五入の結果、100.0%にならない、あるいは超える場合がある
（出典）内閣府「男女共同参画社会に関する世論調査」（平成21年10月調査）

るための法律改正の動きがある。

1. 民法改正の動き

　明治時代に制定された旧民法は、戸主を中心とする「家制度」を規定しており、結婚した女性（妻）は無能力者、つまり、法律的行為能力がないとされていた。

1948(昭和23)年に民法の「第四編　親族」「第五編　相続」が全面的に改正施行され、家制度は廃止され男女平等な規定になった。しかし、民法が改正されてから60年以上がたち、現代の生活にあわない状況が生まれてきている。

　そこで、1991(平成3)年法務大臣の諮問機関である法制審議会民法部会は、「婚姻および離婚に関する法制の見直し」をテーマに審議を開始した。1994(平成6)年7月に審議の結果を「婚姻制度等に関する民法改正要綱試案」としてまとめ、民事局参事官室が公表し、関係各界の意見を求めた。1995(平成7)年には夫婦の氏および離婚原因に関し補足・修正して「婚姻制度等の見直し審議に関する中間報告」を公表した。そして、1996(平成8)年2月に「婚姻制度等に関する民法改正要綱案」を法務大臣に答申した(法務省民事局参事官室、1996年)。しかし、民法改正に対する与党の反対が強く、政府は改正案を国会に提出できなかった。

　1997(平成9)年「要綱案」に沿った改正案が議員立法として国会に提出されたが、廃案となった。その後も超党派議員による改正案が提出されたが、継続審議だったり、あるいは廃案になったりで要綱案答申から16年たつが、民法改正は成立していない。2010(平成22)年に民法改正に前向きであった民主党政権に変わり、女性たちは改正できるのではないかと期待したが、未だに民法の改正は成立していない。

2. 婚姻制度などに関する民法改正要綱案の概要

　では、法制審議会でまとめられた民法改正案とはどのようなものだったのだろうか。民法部会が婚姻制度などの見直しをテーマに取り上げたのは「①女性の地位向上のための社会制度の整備という観点からの婚姻法制等の見直しが国際的な潮流となっており、我が国でも政府の施策とされていること、②女性の社会進出に伴い、婚姻によって氏を改めることが社会的な不利益をもたらす事態が増加する一方、少子社会の出現によって家名を維持するため婚姻をちゅうちょする事態も生じており、これらの問題の解決策として夫婦の氏のあり方を

見直す必要があること、③離婚原因および離婚に伴う子の監護や財産分与のあり方について、現行の規定を整備する必要があることなど」（法務省民事局参事官室、1996年）を理由としてあげている。具体的な「婚姻制度等に関する民法改正要綱案」（以下、要綱案）は以下の通りである。

1）婚姻最低年齢

「婚姻適齢を男女とも満18歳とする」（要綱案）

現行の民法では、731条（婚姻適齢）で「男は、十八歳に、女は、十六歳にならなければ、婚姻することができない」としている。それを男女とも18歳にそろえようということである。この改正については、何ら問題はない。そもそもなぜ男女の婚姻適齢に差があるのだろうか。男女の成熟の度合いが違うということがいわれている。つまり、女は早く成熟するので16歳で結婚できるが、男は女より成熟が遅いので2歳上の18歳以上にするという。もう一つの理由としては、男性は妻子を養わなければならないのでより高い教育を受け、経済的に自立するためには18歳に、女性はその必要がないので16歳でよいというものである。

まず、成熟度の差については男女差よりも個人差の方が大きいだろう。男性の経済的自立については、現在では共働きが多くなっているので、あえて男女に年齢差をつけることはないと考えられる。厚生労働省の「人口動態統計」をみると、2010（平成22）年の平均初婚年齢は女性28.8歳、男性30.5歳と男女とも30歳近くなっている。女性の方が1.7歳下であるが、これは平均で、最近は女性が年上の場合も多くなっている。低年齢で、妊娠してしまったために「できちゃった婚」をするカップルもある。

全般的には、平均初婚年齢にみられるように晩婚化が進んでおり、婚姻最低年齢を男女とも引きあげることに何の問題もないとの意見が強い。いずれにしても婚姻最低年齢に男女差をつける合理的な理由はない。

2）再婚禁止期間

「再婚禁止期間について、嫡出推定の重複を回避するために必要な最低限の

期間である100日間に短縮する」（要綱案）

　民法733条は「女は前婚の解消又は取り消しの日から六箇月を経過した後でなければ、再婚をすることができない」と規定している。女性の再婚禁止期間を6か月から100日に短縮するというのである。そもそもなぜこのような規定があるのだろうか。嫡出推定の重複を回避するため、というのがその理由である。つまり、どの男性の子どもか推定できないから女性は6か月再婚を待てというのである。一方、男性は前婚の解消後すぐに再婚できるのである。このような男女差別的な規定は必要なのだろうか。

　また、民法772条では「婚姻の解消若しくは取消しの日から三百日以内に生まれた子は、婚姻中に懐胎したものと推定する」と規定している。この規定があるために、後婚の男性の子であることがわかっていても前夫の子として戸籍に記載されてしまう。それを避けるために出生届を出せず、子どもが無戸籍の状態におかれているケースがある。そこで、法務省は2007（平成19）年に通達を出し、医師が超音波診断などをした上で作成する「懐胎時期に関する証明書」を出生届に添えて出し、300日以内に生まれた子でも妊娠した時期が離婚後であることが証明できれば、裁判や調停をせずに後婚の男性の子と認められることになった。離婚後300日以内に生まれる子は年間約3,000人いるとされる。しかし、ほとんどが"離婚前の妊娠"のため、この通達の対象とならないといわれる。別居などで事実上離婚していても、裁判手続きなどで離婚が成立するまでに時間がかかる。とくに、家庭内暴力のため前夫に会うのも危険な人や相手の居場所がわからず離婚手続きができない人もいる。こうした"離婚前妊娠"の子の救済を求める声は強い（2007年5月21日付朝日新聞）。もともと法律上の父親を確保するための法がかえって本当の父親を奪うことになってしまっている。

　現在では、結婚と男女関係の開始を同一視できない社会状況にあり、こうした規定が実態に合わなくなってきている。離婚の成立の遅れで、後婚の男性の子どもなのに前夫の子どもとなってしまう不都合が生じている。後婚の男性の子であることを示すためには、前夫が家庭裁判所に「親子関係不存在確認」を申し立て、審判を受ける必要がある。それよりも、科学の発達した今日では、

DNA判定で親子関係がわかるので、規定そのものが必要でなくなっている。最近では離婚後再婚する女性も増えている。ちなみに、「人口動態統計」によれば、2010年の女性の再婚者割合は女性の婚姻件数中16.2％を占めている。

3）夫婦別姓

「夫婦の氏について①夫婦は婚姻の際、夫婦の共通の氏を称する（同氏夫婦となる）か、各自の婚姻前の氏を称する（別氏夫婦となる）かを定める。②別氏夫婦は、婚姻の際、子が称する氏として夫又は妻のいずれかの氏を定めるものとし、その間の子は、その氏を称する。③別氏夫婦の子が未成年であるときは、父母の婚姻中は、特別の事情がある場合に限って家庭裁判所の許可を得て自己と氏が異なる父又は母の氏への氏変更をすることができるものとし、成年に達した後は、特別の事情の有無を問わず、家庭裁判所の許可を得て父又は母の氏への氏変更ができるものとする。④改正法施行前に婚姻した夫婦については、改正法施行後1年間は、その合意に基づく届出によって別氏夫婦となることができる」（要綱案）

民法750条は、「夫婦は、婚姻の際に定めるところに従い、夫又は妻の氏を称する」としている。夫又は妻のどちらの姓を選んでもよい。その意味では法律は中立にできている。しかし、日本では姓の継承にジェンダー・バイアス（性的偏り）がある。旧民法では、女性は結婚すると男性の家に嫁に入るのが当然とされ、夫の姓を名乗る。夫が妻の姓を名乗るのは妻方の養子になる場合だった。現在もそれが続いていると勘違いし、夫が妻の姓を選択すると婿養子になったとみられる。それ故、結婚すると多くの場合、女性が姓を変更している。現在の民法では、妻の姓を名乗っても養子になっているとは限らない。養子になるためには養子縁組をし、届け出る必要がある。しかしそのことについてあまり理解されておらず、妻の姓を名乗ることイコール婿養子と誤解されている。

結婚による改姓はさまざまな点で不利益をもたらす。第1に、結婚後も仕事を続けるものにとって、姓を変えることは実績や信用上、問題を生じる場合がある。姓が違えば別人と思われる。また、姓が変わったことを仕事上の相手にわざわざ説明しなければならなくなるし、私的なことを仕事に持ち込むこと

になる。第2に、仕事を続けるか続けないかにかかわらず、永年使い慣れた姓はその人のアイデンティティにとって重要である。第3に、女性は旧制度下の嫁としての立場を強要され、それが伝統的な男性優位の考え方につながっていく。第4に、戸籍法で戸籍筆頭者には姓を変えない方がなる。夫の姓を選べば筆頭者は夫である。法手続き上、筆頭者が一家を代表するものとして取り扱われる。この他にも改姓によって社会生活上いろいろと不便なことが起こっている。

　このため結婚してからも自分の姓を名乗りたい女性は、通称として旧姓を使っている。民間企業ではワーキングネームとして旧姓使用を制度化しているところも多くなってきている。国家公務員も原則として旧姓使用が認められている。ただし、職場では通称が認められていても、パスポートや免許証は戸籍名のため、海外で仕事上不都合が生じる場合もある。外国で、先方が通称でホテルを予約してくれていたが、パスポートを見せて違う姓のためあやうく宿泊できないところだったという話がある。

　別姓を維持する手段として、婚姻届を出さずに結婚生活をする事実婚をしている夫婦もある。しかし、その夫婦の子どもは非嫡出子として戸籍に記載されるという差別や社会的不利益を受ける。そのため、出産のたびに婚姻届を出し、嫡出子として記載後、離婚届を出すペーパー離婚を繰り返すケースもある。

　民法改正案が国会に提出できないのは、夫婦別姓への反対が強いからともいわれている。夫婦別姓に反対する理由は、「別姓は家族の一体感を損ない家庭を崩壊させる」「夫婦が一体であるとする日本の伝統文化を破壊する」「夫婦か単なる同棲か不明であり、公共の福祉を害するおそれがある」などである。このような意見の背後には家族を形式でとらえ、法律に則った婚姻届を出した家族のみが健全であるとする考え方がみられる。

　民法改正要綱案は夫婦別姓も選択できるというもので、夫婦同姓を望む人に別姓を強要するものではない。別姓を望む人に対しても同姓を強要するのはおかしい。選択の幅を広げるべきである。姓を変えたくないために、婚姻届を出さない、子どもを生まないというカップルもあることを考えると早急な対応が必要である。

内閣府大臣官房政府広報室の「家族の法制に関する世論調査」（平成18年12月調査）の結果をみると、「選択的夫婦別氏制度について」最も多い回答は「夫婦が婚姻前の名字（姓）を名乗ることを希望している場合には、夫婦がそれぞれ婚姻前の名字（姓）を名乗ることができるように法律を改めてもかまわない」（36.6％）であるが、「婚姻をする以上、夫婦は必ず同じ名字（姓）を名乗るべきであり、現在の法律を改める必要はない」（35.0％）の回答と拮抗している。また、「夫婦が婚姻前の名字（姓）を名乗ることを希望していても、夫婦は必ず同じ名字（姓）を名乗るべきだが、婚姻によって名字（姓）を改めた人が婚姻前の名字（姓）を通称としてどこでも使えるように法律を改めることについては、かまわない」（25.1％）の割合も高く、「夫婦別姓を認める法律改正に賛成か反対か」でみると、「法改正に反対」の回答の方が多い。また、「夫婦が婚姻前の名字（姓）を名乗ることを希望している場合には、夫婦がそれぞれ婚姻前の名字（姓）を名乗ることができるように法律を改めてもかまわない」と答えた者に対する別姓を希望するかという質問については「希望する」は20.9％にすぎず、半分近くは「希望しない」（48.9％）であった。

その後調査は行われていないので、現在の状況はわからないが、2011（平成23）年2月、「同姓強制の民法750条は違憲」との訴訟が東京地裁に提訴された。訴状では「夫婦は、婚姻の際に定めるところに従い、夫又は妻の氏を称するとした民法750条は、婚姻は両性の合意のみに基づいて成立することを定めた憲法24条1項、婚姻に関する事項は個人の尊厳と両性の本質的平等に立脚して制定することを定めた同条2項に違反するのみならず、個人の幸福追求権を定めた憲法13条、差別法規の改廃義務を定めた女性差別撤廃条約にも違反する。また、法制審議会が1996（平成8）年に選択的夫婦別姓の導入を答申し、改正案も作られたにもかかわらず、国は法改正を怠り、原告に精神的苦痛や損害を与えた」と総額600万円の損害賠償などを求めている。原告は事実婚のカップルら5人である（2011年2月15日付朝日新聞）。

他の国をみると、同姓、別姓を選べる国が多い。さまざまな家族のあり方、多様な生き方を個人が自由に選択できる社会、他人の自由な生き方を許容できる社会の実現を目指して、一人ひとりが自分たちの生き方を考えていかなけれ

ばならない。

4）離婚

「離婚について①離婚をする際には、子を監護すべき者、父又は母と子との面接交渉及び子の監護に要する費用の分担など子の監護に必要な事項を定めるものとする。②離婚後の財産分与に際して考慮すべき要素を具体的に例示する。③裁判上の離婚原因が、『婚姻関係が破綻して回復の見込みがないとき』であることを明確にし、『夫婦が5年以上継続して婚姻の本旨に反する別居をしているとき』をその例示として追加するとともに、精神病を離婚原因とする規定を削除する。また、離婚原因があるときであっても、裁判所は、離婚が配偶者若しくは子に著しい生活の困窮若しくは耐え難い苦痛をもたらすとき、又は離婚の請求が信義に反すると認めるときは、離婚の請求を棄却することができるものとする」（要綱案）

裁判上の離婚について、民法は770条で「夫婦の一方は、次に掲げる場合に限り、離婚の訴えを提起することができる」とし、「一　配偶者に不貞な行為があったとき。二　配偶者から悪意で遺棄されたとき。三　配偶者の生死が三年以上明らかでないとき。四　配偶者が強度の精神病にかかり、回復の見込みがないとき。五　その他婚姻を継続しがたい重大な事由があるとき」の五つを理由としてあげている。このうち四の規定を削除して、新たに、5年以上継続別居していることを付け加えるというものである。

日本の離婚件数は厚生労働省の2010（平成22）年「人口動態統計」によれば、25万1,383組で離婚率は1.99（人口1,000人当たり）である。離婚率は近年増加傾向にあったが、2002（平成14）年の2.30をピークにその後減少傾向にある。

日本では、民法763条の夫婦の合意だけに基づく協議離婚が多く（2008年、離婚総件数の87.5％[1]）、子どもの監護や財産分与について協議が整わないときには家庭裁判所の調停による調停離婚をするが、調停離婚は総件数からみるとあまり多くない（和解離婚と調停離婚を合わせて11.1％）。裁判判決によるものはさらに少なく、1.0％にすぎない。裁判離婚については、かつては離婚原因を作った者（有責配偶者）からの申立については離婚を認めないという「有責主義」

をとっていた。裁判所は、離婚原因を作った側の離婚請求を認めれば、「俗に言う、踏んだり蹴ったりである」として1952（昭和27）年以来、経済的に弱い妻の立場を守る方針をとってきた。しかし、近年では、婚姻が破綻状態にあるか否かを問題とする「破綻主義」に変わりつつある。1987（昭和62）年9月、最高裁は有責配偶者からの離婚請求についても5年以上の長期間別居状態にあるときは離婚を認める判決を出している。民法改正要綱案はその判決を追認するものである。かつての日本では結婚が女性の生活保障という面があり、離婚したら生活に困るという問題があったが、最近は共働きも多く、女性が有責配偶者である場合も少なくない。また、離婚が配偶者または子どもに著しい生活の困窮や耐え難い苦痛をもたらすときは離婚の請求を棄却するという。とはいえ、5年別居に関する破綻主義離婚を民法に明記することについては、男女双方からの反対が強い。

　なお、2011（平成23）年5月に民法が一部改正され、協議離婚にあたっては親子の面会や養育費の分担について子の利益を最大限に考慮するよう定めている。法務省は2012年4月から未成年の子がいる夫婦の離婚について離婚届の書式を一部改め、「親子の面会方法」や「養育費の分担」の取り決めができているか書く欄を新たに設けた（2012年2月3日付朝日新聞）。要綱案の一部が先行して実施されることになった。

　また、最近では国際結婚が増え、それに伴う離婚も増加しつつあり、離婚後に相手に知らせずに、子どもを国外に連れ出すことが問題となっている。「ハーグ条約」は国際結婚が破局した際、一方の親が無断で16歳未満の子どもを国外に連れ出した場合は、子を元の国に戻し、その国の裁判で誰が子の面倒をみるかを決めるよう定めている。この条約に日本はまだ加盟していない。欧米諸国からは早期の加盟を求められている。日本は必要な国内法の整備を進めているが、外国にいる親が子を元の国に戻すように求められたとき、戻された国で子どもが暴力を受けたり虐待されるおそれがある場合など、対応が難しい面がある（2012年2月8日付朝日新聞）。

　男女とも寿命が延びて人生80年時代を迎え、カップルが2人で過ごす時間が長くなっている。2人の関係が長期にわたってうまくいくとは限らない。離

婚に対する世間の目も以前ほど厳しくなくなってきている。2人の関係が破綻したときに、子どもや財産など2人で築きあげたものをどのように処理するか、それぞれにとって望ましい結果になるように、公正、公平に対応するために、法律を整備していくことが必要である。

5) 相続

「相続人中に嫡出である子と嫡出でない子とがある場合のそれぞれの相続分を同一とする」（要綱案）

民法900条（法定相続分）の四は「子、直系尊属又は兄弟姉妹が数人あるときは、各自の相続分は、相等しいものとする。ただし、嫡出でない子の相続分は、嫡出である子の相続分の二分の一」と規定している。法的に結婚している男女から生まれた子どもは嫡出子（婚内子）で、そうでない子は非嫡出子（婚外子）と呼ばれる。親が亡くなり相続をするときに、非嫡出子の相続分は嫡出子の半分と定めている。法律婚を尊重するとの判断である。しかし、嫡出か非嫡出かは子どもが選んだ結果ではない。にもかかわらず、このような規定が残っており、子ども間に不平等をもたらしている。この民法の規定が法の下の平等を定めた憲法に違反するとして、たびたび裁判に訴えられてきた。その訴えに対して、1995（平成7）年の最高裁大法廷は「合憲」の判定を出している。しかし、2011（平成23）年8月に大阪高裁は、結婚していない男女の子の相続分を、結婚している夫婦の間の子の半分とする民法の規定をめぐり、「法の下の平等」などを定めた憲法に違反するとして、婚外子に同等の相続を認める決定をしていた。裁判長は決定理由として家族生活や親子関係の実態は変化し、国民の意識も多様化していることをあげている（2011年10月4日付朝日新聞）。状況は変わりつつあり、民法も判例に沿った改正が必要であろう。

一方で、このような婚外子差別があるため、日本では婚外子の出生率が2.1％（2009年[2]）と他の国に比べて極端に低いといわれる。たとえば、フランスでは1999年にPACS（連帯市民協約）法が施行されて以来、婚外子が大幅に増え、2007年には出生児の半数を超えたといわれる。PACS法は市民協約を結び、共同生活を営んでいれば結婚とほぼ同等の法的権利を与えると規定し、親の婚

姻の有無に関係なく同じ権利が子どもに与えられ、嫡出子、非嫡出子の法律上の区別もない。出生率も上昇傾向にあるとのことである（2009年9月23日付朝日新聞）。ちなみに、2012年5月に選出されたフランス社会党のオランド大統領は事実婚である（2012年5月16日付朝日新聞）。出生率が低下している日本でも非嫡出子に対する法律上の差別がなくなれば、出生率が伸びる可能性はある。

3. 今後の家族法

　これまでみてきたように、民法改正の動きは中断したままである。現民法は、制定されてから60数年たっている。戦後間もない時期に制定され、女性の意見があまり反映されないままに規定されているところが多い。また、家族のあり方を実態よりも形式で決めているところがみられる。戦後60年たって、家族のあり方や人々の意識が変わってきている面も多い。結婚や離婚に対する人々の見方や考え方が多様になり、生活そのものが変化しつつある。実態だけが先行し、法や制度がついていかず、さまざまなところで齟齬を来しているようにみえる。個人が社会生活を営む上で望ましいものであるように、一人ひとりが幸せに日々の暮らしを送っていかれるように、社会の変化に合わせた男女共同参画社会にふさわしい法律・制度に変えていくことが必要である。

注
1）厚生労働省「平成21年度『離婚に関する統計』の概況：平成20年の詳細分析」の「離婚の種類別構成割合の年次推移」より。
2）厚生労働省「平成22年度　出生に関する統計（人口動態統計特殊報告）」より。

参考文献
金城清子『家族という関係』岩波新書、1985年
厚生労働省「人口動態統計」（2010年）2011年
内閣府大臣官房政府広報室「家族の法制に関する世論調査」（平成18年12月調査）
　2007年

内閣府大臣官房政府広報室「男女共同参画社会に関する世論調査」(平成21年10月調査) 2009年、http://www8.cao.go.jp/survey/h21/h21-danjo/
福島瑞穂『結婚と家族―新しい関係に向けて―』岩波新書、1992年
藤原千賀「イミダス最前線　夫婦別姓は家庭を崩壊させる？」『青春と読書』'96 7、集英社、1996年、82〜83頁
法務省民事局参事官室「民法の一部を改正する法律案要綱案」1996年
民法改正を考える会編『よくわかる民法改正―選択的夫婦別姓＆婚外子差別撤廃を求めて―』朝陽会、2010年
渡辺洋三『家族法を見直す』岩波ブックレットNO.356、岩波書店、1994年

第9章
家庭内暴力の防止

　男女がともに生き生きと暮らしていける男女共同参画社会を形成するためには、暴力、とくに強い者が弱い者に対してふるう暴力は最も否定されるべきことである。中でも、安心と安らぎの場であるはずの家庭における暴力は許されないことである。2010（平成22）年12月に策定された国の「第3次男女共同参画基本計画」で「改めて強調している視点」の一つとして4番目に、「女性に対するあらゆる暴力の根絶」があげられ、「女性に対する暴力は重大な人権侵害であり、男女共同参画社会を形成していく上で克服すべき重要課題である」（内閣府、2010年、2頁）としている。この章では家庭内暴力に関わる問題を取り上げる。

　「家庭内暴力」（ドメスティック・バイオレンス＝ Domestic Violence）とは、夫婦や恋人など親しい関係の男女間に起こる暴力のことをいう。「家庭内暴力」という言葉は、日本では以前は思春期の子どもが親に向けた暴力のことをいっていた。自立できない子どもたちがその不満を親たちにぶつけ、家の中で暴れることをさしていたのである。夫婦間の暴力に関しては、個人的なこと、仕方のないこととして目をつぶってきた。警察も「民事不介入」「夫婦げんかは犬も食わない」などといい、夫の暴力を警察に訴えても取り合ってもらえなかった。むしろ、女は殴っていうことを聞かせるのが夫の役目とまでいわれ、夫からの暴力は不問に付されてきた。

　それが、1960年代後半に世界中で起こった第二波フェミニズム運動の中で、夫婦間の暴力に女性たちが長いこと苦しんできたのは、世界共通であったこと

が明らかにされた。そして、女性の人権を保障する上で、ドメスティック・バイオレンスが課題として浮上してきた。

1. 女性に対する暴力への注目

　女性に対する暴力が世界的に注目されるようになったのは、1993（平成5）年6月にオーストリアのウィーンで開かれた「国連世界人権ウィーン会議」であった。会議では性暴力が注目され、「ウィーン宣言」が採択された。それを受けて、同じ年の12月に国連総会で「女性に対する暴力の撤廃に関する宣言」が採択された。この宣言によって、女性に対する暴力が、「性差構造に起因し歴史的に形成されたものであり、女性支配の機能をもつジェンダー・システムの重要な要素であるという国際的合意」（ゆのまえ、2002年、232頁）がなされた。そして、1995（平成7）年北京で開かれた第4回世界女性会議で採択された行動綱領では12の重大問題領域の一つとして「女性に対する暴力」が取り上げられた。

　一方、日本政府の暴力に対する取り組みについてみると、旧総理府の男女共同参画審議会に「女性に対する暴力部会」が設けられ、1999（平成11）年5月に「女性に対する暴力のない社会を目指して」という答申が出された。その中で、女性に対する暴力防止には法制面での対策が必要なこと、そのためのアンケート調査を実施すること、という提言がなされた。それを受けて、1999年9月に旧総理府で20歳以上の男女を対象とする初めての家庭内暴力に関する調査が行われた。その調査結果によれば、「生命の危険を感じる暴力を受けたことがある」という回答は女性4.6％、男性0.5％であった（旧総理府、1999年）。折しも、1999年にカナダ駐在日本総領事の妻に対するドメスティック・バイオレンスの疑いがマス・コミで話題となった。2000（平成12）年4月に男女共同参画審議会の女性に対する暴力部会は「女性に対する暴力に関する基本的方策について（中間とりまとめ）」を発表した。しかし、中間とりまとめでは法制化に消極的で、既存の刑法などの法律で対応するということであった。

2000年6月に、「国連女性2000年会議」がニューヨークで開かれた。そこで採択された「成果文書」には、ドメスティック・バイオレンスに関する犯罪に対処するため法律の制定を含め、あらゆる形態の身体的・精神的・性的暴力から女性を保護することが、各国政府のとるべき行動として書かれている。日本は2000（平成12）年7月に、男女共同参画審議会が「女性に対する暴力に関する基本的方策について」の答申を出した。答申では、法制化に消極的だった中間とりまとめとは異なり、「（ア）女性に対する暴力についての総合的な対応に関する法制度や、（イ）女性に対する暴力のそれぞれの形態に対応した法制度など、早急に検討することが必要である」（男女共同参画審議会、2000年、2頁）との文言が盛り込まれた。

　確かに、ドメスティック・バイオレンスに関する犯罪についても既存の刑法などで対応できないことはない。しかし、既存の法律では不十分だったためにドメスティック・バイオレンス被害者たちは苦しんできたのである。女性に対する暴力について総合的に対応していくためには新しい法律が必要であった。

2. ドメスティック・バイオレンスへの対応

　2001（平成13）年4月「配偶者からの暴力の防止及び被害者の保護に関する法律」（DV防止法）が成立し、同年10月から施行された。参議院の女性議員を中心とする超党派による議員立法であった[1]。その後、2004（平成16）年と2007（平成19）年に改正が行われた。

　DV防止法の内容は以下の通りである。

①配偶者からの暴力を犯罪と位置づけ、既婚夫婦のほか事実婚の男女、婚姻解消後の男女を対象とする（1条）。
②国および地方公共団体は暴力の防止と被害者保護の責務を有する（2条）。
③都道府県は2002年4月より、婦人相談所その他の施設に配偶者暴力相談支援センターの機能を果たさせる（3条）。

④警察官は暴力の防止、被害者の保護のための措置を講ずるように努める（8条）。
⑤被害者が生命や身体に重大な危害を受けるおそれが大きいときは、裁判所に「保護命令」の申し立てを行う。裁判所は申し立てにより、加害者に6か月間の接近禁止、同居している場合は2か月間の住居退去を命じる（10条）。
⑦保護命令に違反した者は1年以下の懲役か100万円以下の罰金に処する（29条）。

　この法律によって、ドメスティック・バイオレンス（以下、DVと略す）が犯罪と位置づけられ、警察が取り締まりに当たることになった意義は大きい。それまでは警察に訴えても相手にしてもらえなかったが、法律に基づき被害者は保護の対象となったのである。ただし、この法律は既婚夫婦、事実婚の男女、離婚後の男女を対象としており、交際中の男女ペアーには適用されない。
　改正によって、10条の接近禁止の対象に同居している子ども、そして被害者の親族が付け加えられた。さらに、外国人や障害者らの人権に配慮することも規定された。
　配偶者暴力相談支援センターに関する規定が2002（平成14）年4月から施行され、各都道府県は婦人相談所その他の施設において業務を開始した。2007（平成19）年7月の法改正（2008年1月施行）で市町村に対しても配偶者暴力相談支援センターの設置が努力義務となり、2011（平成23）年1月現在全国の193施設が相談、カウンセリングなどを行っている。警察では、被害女性の2次的被害を防ぐため被害女性から事情聴取を行うことができる女性警察官や心理カウンセラーをおくようになった。また、一時避難所として利用できるシェルターは全国に272か所（公立155か所、私立117か所）あり、この他に民間団体が自主的に運営している施設がある（内閣府、2011年）。このように、DV被害者保護に関する対応は、徐々に整備されつつある。

3. ドメスティック・バイオレンスの実態

1）配偶者間犯罪の被害者

　警察統計から、DVの実態をみると、2010（平成22）年の配偶者間における殺人検挙件数は184件で、傷害は1,523件、暴行は1,452件であった。1年間に配偶者間で184件も殺人があったのである。男女別に被害者をみると、犯罪被害者は圧倒的に女性が多いが、殺人に関しては女性の被害者が6割で、男性被害者が4割弱と、傷害、暴行に比べて、男性がかなり高い割合を占めている。DVは男性から女性に対して起こるだけではなく、女性から男性にも起こりうる。それだけでなく、ホモセクシュアルの関係で、女性から女性へ、男性から男性へという場合もある。ただ、図表9-1で明らかなように男性配偶者から女性配偶者に対してが圧倒的に多い。

　夫から妻への犯罪検挙状況の年次推移をみると（図表9-2）、DV防止法ができた2001（平成13）年頃から傷害の検挙者が増え、この数年暴行による検挙者が増えているのがわかる。殺人、傷害、暴行を合計すると、2010（平成22）年には検挙者は3,000人近くになる。これは警察の検挙者数であって、実際に検挙に至らない事件は多い。警察に寄せられた配偶者からの暴力に関する相

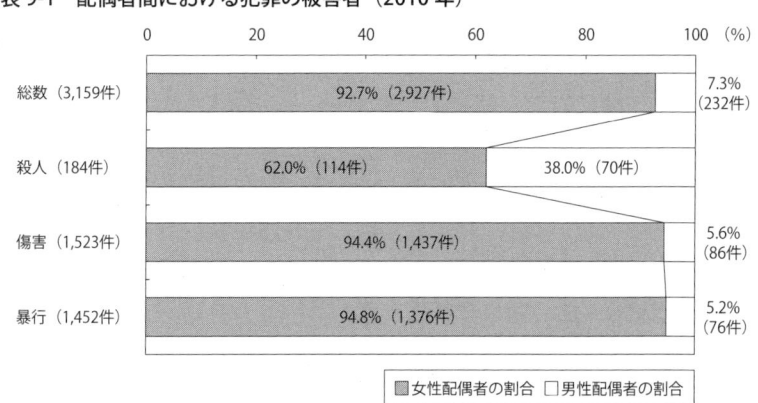

図表9-1　配偶者間における犯罪の被害者（2010年）

項目	女性配偶者の割合	男性配偶者の割合
総数（3,159件）	92.7%（2,927件）	7.3%（232件）
殺人（184件）	62.0%（114件）	38.0%（70件）
傷害（1,523件）	94.4%（1,437件）	5.6%（86件）
暴行（1,452件）	94.8%（1,376件）	5.2%（76件）

（備考）警察庁資料より作成
（出典）内閣府『平成23年版　男女共同参画白書』

談対応件数をみると、2010年には33,852件に上っている（警察庁、2011年）。また、警察まで行かずに他の相談機関への相談も多く、全国の配偶者暴力相談支援センターへの相談件数は、2009（平成21）年度に72,792件になっている。いずれの相談件数もこの10年間で増加している。相談状況をみると、10歳代から70歳代までの幅広い年齢層からの相談があり、そのうちの約3割が10年以上暴力を受け続けている状況であったとのことである（内閣府、2011年）。しかし、これらの件数についても相談するのは、氷山の一角にすぎないと言われる。実際に起きている暴力行為がどのくらい多いのか想像がつきかねる。

2）男女間における暴力調査

次に、内閣府の「男女間における暴力に関する調査」（平成23年度調査）の結果をみてみよう。これまで結婚したことのある人に、「身体に対する暴行」「精神的な嫌がらせや恐怖を感じるような脅迫」「性的な行為を強要」の三つの行為について、配偶者から被害を受けたことがあるかどうかを尋ねている。さらに、これらの「いずれかの行為を1つでも受けたことがあるか」をまと

図表9-2　夫から妻への犯罪の検挙状況

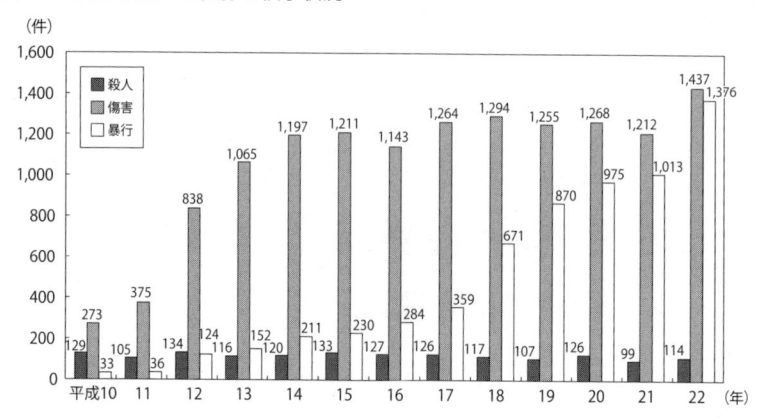

（備考）警察庁資料より作成
（出典）内閣府『平成23年版　男女共同参画白書』

めた結果をみると、「何度もあった」という女性は10.6％、男性は3.3％で、「1、2度あった」を含めると、女性は32.9％と3人に1人が被害を受けている。男性も18.3％と6人に1人が受けたとしている（図表9-3）。「命の危険を感じた」という人は女性で4.4％、男性は1.6％となっており、男性は前回調査（平成20年調査）より高くなっている。男性も暴力被害を受けた場合は、それをいえる環境になってきたということではないだろうか。外からは見えないだけで、家の中で暴力行為を多くの人が受けていることがわかる。

　DV被害者の話では、子どもが生まれた頃から夫の暴力が始まり、あるとき投げ飛ばされ頭を打って失神し、病院に担ぎ込まれ、それを機に離婚したとのことであった。シェルターに駆け込んだ被害者の話では、階段から突き落とさ

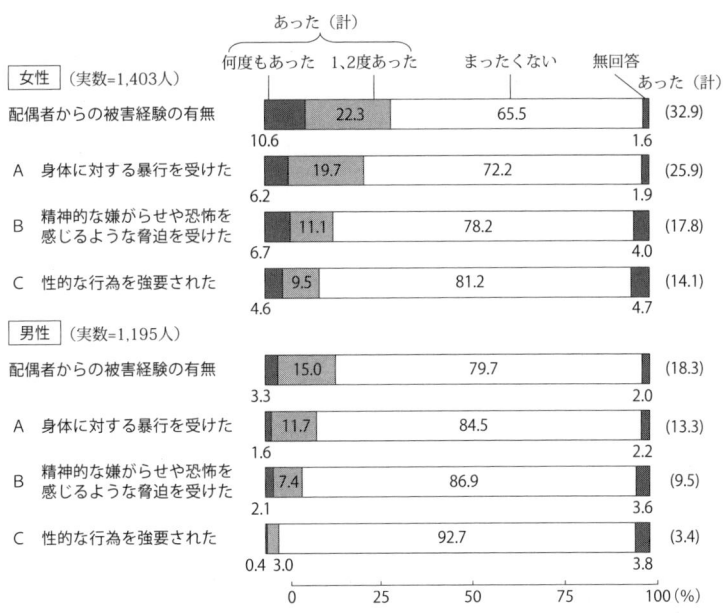

図表9-3　配偶者からの被害経験

	あった（計）				あった（計）
	何度もあった	1、2度あった	まったくない	無回答	
女性（実数=1,403人）					
配偶者からの被害経験の有無	10.6	22.3	65.5	1.6	(32.9)
A　身体に対する暴行を受けた	6.2	19.7	72.2	1.9	(25.9)
B　精神的な嫌がらせや恐怖を感じるような脅迫を受けた	6.7	11.1	78.2	4.0	(17.8)
C　性的な行為を強要された	4.6	9.5	81.2	4.7	(14.1)
男性（実数=1,195人）					
配偶者からの被害経験の有無	3.3	15.0	79.7	2.0	(18.3)
A　身体に対する暴行を受けた	1.6	11.7	84.5	2.2	(13.3)
B　精神的な嫌がらせや恐怖を感じるような脅迫を受けた	2.1	7.4	86.9	3.6	(9.5)
C　性的な行為を強要された	0.4	3.0	92.7	3.8	(3.4)

（注）項目によっては四捨五入の結果、100.0％にならない、あるいは超える場合がある
（出典）内閣府「男女間における暴力に関する調査（平成23年度調査）」

れ自分の肋骨の折れる音を聞いて失神したとか、首を絞められ息ができなくなったなど、家庭内でひどい暴力が行われている現実がある。

　最近になって、ドメスティック・バイオレンスがマス・コミなどで取り上げられるようになり、警察も対応してくれるようになったため、1人で悩まずに相談しやすい状況になってきているようである。しかし、内閣府の調査によれば、被害を受けたことがある人の中で「どこ（だれ）にも相談しなかった」は女性で41.4％、男性では76.1％と高い。「相談しなかった理由」としては、「相談するほどのことではないと思ったから」（女50.0％、男76.1％）が最も高く、次いで「自分にも悪いところがあると思ったから」（女34.3％、男44.8％）であった。被害者は暴力を受けてもなお、「自分が悪いから暴力を受けるのではないか」と自分を責め、「自分だけが我慢すればこのままやっていける」と自己犠牲から相手の元にとどまる。あるいは、「相手には自分が必要だから」と暴力をふるう相手を立ち直らせたいと、「これ以上暴力をふるうことはない」と思って別れない。また、「家庭内のことは隠したい」「世間体が悪い」ので相談できないと、身の安全よりも体裁を重視する考え方がみられる。

　同調査によれば、「男女間の暴力を防止するために必要なこと」としては「被害者が早期に相談できるよう、身近な相談窓口を増やす」が最も高く68.0％、次いで「家庭で保護者が子どもに対し、暴力を防止するための教育を行う」「学校・大学で児童・生徒・学生に対し、暴力を防止するための教育を行う」「加害者への罰則を強化する」が6割前後という回答を得ている。

3）ドメスティック・バイオレンス加害者の男性

　先に述べたように、DVは男性から女性に対してだけでなく、女性から男性に対しても起こっているが、ここでは加害の男性像に焦点を当ててみる。加害者については若者から高齢者まであらゆる年代の男性であり、職業もサラリーマンから、管理職、教師、裁判官、警察官、僧侶などあらゆる職業の人が暴力をふるっている。2012（平成24）年においても、在米国日本総領事館の副領事が妻への家庭内暴力で起訴されたとの報道があった（2012年5月9日付朝日新聞）。こうした家庭内暴力は日本だけでなく、世界中のあらゆる国、民族で

起こっているということである。

　男性にとって不利な状況を暴力で解消している例もある。60歳以上の暴力を受けた女性の聞き取り調査で、夫が暴力をふるうのは妻に何らかのコンプレックスをもっている場合がみられたことが指摘されている。たとえば、夫の家柄よりも妻の家柄の方がよい場合や夫の学歴より妻の学歴の方が高い場合など（国広他、1999年）である。

　このような状況について、65歳以上の高齢男性を対象としたインタビュー調査[2]では、「対象者の多くは『男は女を養わねばならない、男は女に尊重されなければならない』という社会的規範があるにもかかわらず、それを現実には達成できなくて妻に対する優位性が危機にさらされた夫が妻を殴るのだ、という認識を共有している。妻に手をあげたことのない人も、男性の優位性が危機にある状況下で妻をたたくことを『暴力』である、として積極的に批判する人はいなかった」（宮崎、2005年、101頁）ということである。こうした男性の意識の背景には、「暴力に寛容な社会や男性ジェンダーが暴力的であるように社会化される教育のあり方、差別的なジェンダー意識などが横たわっている」（国広、2003年、4頁）との指摘がある。男性の暴力を容認し問題としてこなかった点で、社会全体が女性に対するDVに責任があるといえるかもしれない。

4）保護命令の申し立て

　DV防止法の規定では暴力被害者は裁判所に保護命令を申し立てることができる。裁判所は被害者からの申し立てにより6か月間の接近禁止、同居している場合は住居からの2か月間の退去命令を出せる。命令に違反した場合は処罰規定もある。実際にこの保護命令は発令されているのだろうか。最高裁判所資料によれば、保護命令の発令は、2001（平成13）年の123件から2002年には一気に1,128件に増加し、その後も徐々に増え、2010（平成22）年には2,434件に上っている。法施行後、合計すると1万8,340件になっている（図表9-4）。この中には、被害者に対する保護命令だけでなく、子や親族への接近禁止命令も含まれている（内閣府、2011年）。

　保護命令違反者に関しては、法務省法務総合研究所の調査研究をみると、法

図表 9-4　保護命令事件の処理状況

	新受件数	既済件数		認容（保護命令発令）件数					
	総数	総数	うち、生命等に対する脅迫のみを理由とする申し立てに係るもの	総数	うち、生命等に対する脅迫のみを理由とする申し立てに係るもの	1. 被害者に関する保護命令のみ			
						(1) 接近禁止命令・退去命令・電話等禁止命令	(2) 接近禁止命令・退去命令	(3) 接近禁止命令・電話等禁止命令	(4) 接近禁止命令のみ
平成13年	171	153		123			32		91
平成14年	1,426	1,398		1,128			326		798
平成15年	1,825	1,822		1,468			406		1,058
平成16年	2,179	2,133		1,717			554		1,098
平成17年	2,695	2,718		2,141			190		730
平成18年	2,759	2,769		2,208			166		710
平成19年	2,779	2,757		2,186			173		640
平成20年	3,147	3,143	519	2,524	400	101	47	360	213
平成21年	3,100	3,087	643	2,411	471	118	26	437	127
平成22年	3,095	3,114	760	2,434	577	141	25	418	84
合計	23,176	23,094	1,922	18,340	1,448	360	1,945	1,215	5,549

（備考）1. 最高裁判所資料より作成
2.「認容」には，一部認容の事案を含む。「却下」には，一部却下一部取下げの事案を含む。「取下げ等」には，移送，回付などの事案を含む
3. 配偶者暴力防止法の改正により，平成16年12月に「子への接近禁止命令」制度が，20年1月に「電話等禁止命令」制度及び「親族等への接近禁止命令」制度がそれぞれ新設された。これらの命令は，被害者への接近禁止命令と同時にまたは被害者への接近禁止命令が発令された後に発令される（表の2，3，4のそれぞれ(1)が前者，1の(6)，2，3，4のそれぞれ(2)が後者である）
4. 平成13年分は，同年10月13日の配偶者暴力防止法施行以降の件数である
（出典）内閣府『平成23年版　男女共同参画白書』

(単位：件)

(5)退去命令のみ	(6)電話等禁止命令（事後発令）	2.「子への接近禁止命令」及び「親族等への接近禁止命令」が同時に発令された場合		3.「子への接近禁止命令」が発令された場合（2.以外）		4.「親族等への接近禁止命令」が発令された場合（2.以外）		却下	取下げ等
		(1)被害者への接近禁止命令と同時	(2)事後的な子への接近禁止命令及び親族等への接近禁止命令の同時発令	(1)被害者への接近禁止命令と同時	(2)事後的な子への接近禁止命令	(1)被害者への接近禁止命令と同時	(2)事後的な親族等への接近禁止命令		
0								4	26
4								64	206
4								81	273
5				55	5			75	341
4				1,205	12			147	430
8				1,320	4			146	415
7				1,364	2			140	431
7	5	441	0	1,119	4	218	9	169	450
8	0	452	3	1,011	4	219	6	150	526
10	3	533	0	990	1	220	9	176	504
57	8	1,426	3	7,064	32	657	24	1,152	3,602

施行後の 2001（平成 13）年 10 月から 2006（平成 18）年 3 月末までの保護命令違反者 166 人のうち、罰金や実刑処分を受けている者がおり、法律が絵に描いた餅ではなく、有効に活用されていることがわかる（法務省法務総合研究所、2008 年）[3]。先に述べたように、内閣府の調査における「男女間の暴力を防止するために必要なこと」として、半分以上が支持している「加害者への罰則を強化する」ことが必要であり、とくに保護命令違反に対しては厳罰で臨むべきである。

　DV 防止法ができて、家庭内の配偶者間の暴力が単なる痴話げんかではなく、犯罪であるとの意識は高まってきている。警察も犯罪として取り締まってくれるようになった。DV 防止法では、被害者本人だけでなくまわりの親族に対しても被害を受けないように親族への接近禁止命令が出せるようにはなっている。しかし、被害者の親族や、親しい友人が暴力に巻き込まれるという事件は後を絶たない[4]。

4. デート DV

　DV 防止法が規定しているのは、配偶者間の暴力防止についてである。配偶者になる前の交際期間中の DV に関しては適用されない。しかし、最近は配偶者間の暴力だけでなく、未婚の若い男女間の DV が問題となっている。未婚の男女間の DV について、その実態を「男女間における暴力に関する調査」からみてみると、10 歳代から 20 歳代の頃に「交際相手がいた（いる）」という人に、当時交際相手から「身体」「精神的」「性的」の三つの行為について被害を受けたことがあるか尋ねている。いずれかの被害を一つでも受けたことがあるかどうかまとめると、「あった」が女性は 13.7％、男性は 5.8％であった（図表 9-5）。年齢別にみると、男女とも若年齢層ほど被害経験のある人が多い。とくに女性の 20 代、30 代では 2 割が被害にあったと回答している（内閣府、2012 年）。

　未婚のカップル間の暴力は、相手を監視する、理由なく怒鳴る、殴る、性行為を強要する、避妊に協力しないなどがみられる。最近は、携帯電話により管

図表 9-5　交際相手からの被害経験

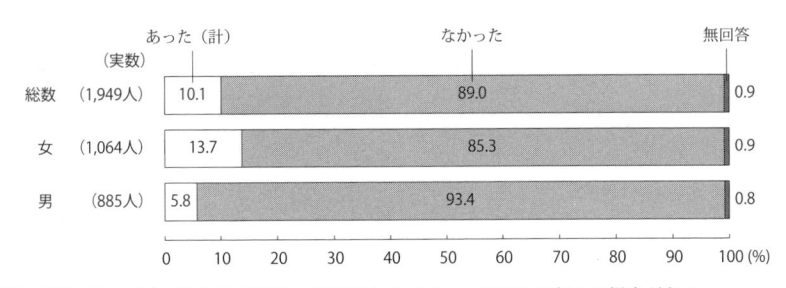

	(実数)	あった (計)	なかった	無回答
総数	(1,949人)	10.1	89.0	0.9
女	(1,064人)	13.7	85.3	0.9
男	(885人)	5.8	93.4	0.8

(注) 項目によっては四捨五入の結果、100.0％にならない、あるいは超える場合がある
(出典) 内閣府「男女間における暴力に関する調査 (平成23年度調査)」

理、支配される状況が出てきている。携帯電話はいつも身に付けている場合が多いので、毎日メールチェックをされたり、メールや電話で居場所を確かめられたり、息が詰まりそうな光景である。それを受けている側は「愛されているから」と相手の愛情表現だと思いこんでいる節があるという (遠藤、2007年)。

　内閣府の調査では、被害を受けたときの行動として、女性は「相手と別れた」が46.6％と半分近い。「別れたいと思ったが別れなかった」も41.8％であった。男性は「別れたいと思ったが別れなかった」が最も高く、「相手と別れた」は33.3％と3分の1にすぎない (図表9-6)。交際中なので、いやなことがあれば簡単に別れることができると思うが、意外に別れないカップルが多い。ただし、男性の該当者数は少ないので、一般化することはできない。別れなかった理由についても女性は「相手が別れることに同意しなかったから」が高く、男性は「相手には自分が必要だと思ったから」が高くなっている (内閣府、2012年)。最近の日本では、若いうちから男女がカップルで行動することが多くなり、相手と別れて1人になると寂しいので、相手を好きだという気持ちがなくなっても、相手の行動を束縛したり、逆に暴力をふるう相手であっても別れられない状況があるようである。

　また、最近では一方的な片想いなどからストーカー行為におよび、殺人事件

図表 9-6　交際相手から被害を受けたときの行動

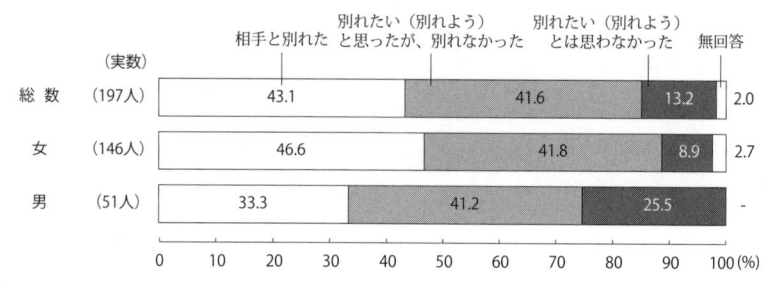

	(実数)	相手と別れた	別れたい（別れよう）と思ったが、別れなかった	別れたい（別れよう）とは思わなかった	無回答
総　数	(197人)	43.1	41.6	13.2	2.0
女	(146人)	46.6	41.8	8.9	2.7
男	(51人)	33.3	41.2	25.5	-

（注）項目によっては四捨五入の結果、100.0% にならない、あるいは超える場合がある
（出典）内閣府「男女間における暴力に関する調査（平成 23 年度調査）」

も起きている。2011（平成 23）年 10 月には千葉県に住んでいた女性に対するストーカー行為がエスカレートして女性の実家のある長崎で、女性の母親と祖母の 2 人を殺害するという事件が起きた。2000（平成 12）年に「ストーカー行為等の規制等に関する法律」（以下「ストーカー規制法」と略）が制定されているが、同法が十分に機能していなかったことを問題視し、ストーカー被害で身内を亡くした遺族や弁護士がストーカー規制法の改正などを求める要望書を警察庁と国家公安委員会に提出している（2012 年 4 月 9 日付朝日新聞夕刊）。ストーカー規制法に基づく警告は、2010 年に 1,344 件に及ぶ。警告に従わなかった者に対する禁止命令は 41 件発令されているとのことである（内閣府、2011 年、94 頁）。

5. ドメスティック・バイオレンスの暴力の特徴

1）ドメスティック・バイオレンスのサイクル

　DV の研究者の説によれば、男女間の暴力に関して、サイクルがあるといわれる。2 人の間に「緊張感」が高まってくるとそれが爆発し、「暴力」が起こる。そのきっかけは何でもよい、些細なことから暴力に発展するという。暴力の後

は加害者は申し訳ないことをしたとあやまり、やさしく被害者を介抱する「ハネムーン期」になる。自分が好きになった相手のすばらしい面を見せてくれるので、被害者は別れようにも別れにくくなるといわれる。こうして、2人の間では「緊張期」「暴力」「ハネムーン期」のサイクルが繰り返される。時がたつほどハネムーン期は短く、緊張期が長くなるという。このような関係から抜け出すのは難しいといわれる（森田、1998年、58～61頁）。

2）なぜ逃げられないのか

　内閣府男女共同参画局の「配偶者からの暴力被害者支援情報」によれば、「なぜ逃げることができないのか」としてつぎの6つの理由をあげている。①恐怖感、②無力感、③複雑な心理、④経済的問題、⑤子どもの問題、⑥失うもの、である。このうち「複雑な心理」というのは「暴力をふるうのは私のことを愛しているからだ」「いつか変わってくれるのではないか」との思いから被害者であることに無自覚であること、という（http://www.gender.go.jp/e-vaw/dv/04.html）。

　デートDVで別れない理由として「相手には自分が必要だと思ったから」というのも同じである。そもそも自分がDVの被害者であるという自覚がなく、自分が至らないからこんなことになるとか、恥ずかしいとか考えて、逃げるきっかけを失ってしまうことが多いようである。

6. ドメスティック・バイオレンスの背景と暴力防止のために必要なこと

1）DVはなぜ起こるのか

　DVが起こる背景には、まず、社会全体が暴力に寛容なこと、とくに、家庭の中での暴力を「暴力」とみていない、しつけとみなし家庭の中では許されると考えていることにある。男性から女性に向けられる暴力については、男女を対等な関係とみていない、男性による女性支配の手段として暴力がふるわれているといえよう。男性が自分の優位性を示すために、暴力によって服従を強い

ている。とくにセックスの強要は男性による妻の所有物扱いといえよう。ストーカー行為なども女性が言うことを聞くのはあたりまえ、女性がいやがる理由がわからず、言うことを聞かせようとする気持ちの表れであると考えられる。そして、暴力を受けていても世間体など家の中のことを表に出しにくい恥の文化があり、表面化しにくい。女性に多くの場合、経済力がなく、夫から離れては生活できないことも暴力を容認することにつながる。

2）DV防止のためには何が必要か

先に述べたように、内閣府の調査で「男女間の暴力を防止するために必要なこと」に対する回答の中で最も高かったのは「被害者が相談できる窓口を増やすこと」である。次いで、「子どもに対し、暴力防止の教育をする」ことがあげられている。

暴力の被害者に対しては、気軽に相談できる窓口とその後に被害者とその子どもがさらに暴力を受けないようにする適切な処置が必要である。調査によれば、被害者は暴力を受けていても、暴力をふるわれるのは自分のせいである、相手を立ち直らせるために自分が何とかしなければと考えている場合が少なくない。そして相手の元にとどまることでさらに被害を受ける。被害者にとっては、しばらく相手との距離をおくことが必要であり、そうした一時避難所の確保とそこで安心して安全に生活できる環境を整えていかなければならない。そのためには、国はもちろんであるが、身近な地域での対応が必要となる。国から都道府県へ、そして各市区町村自治体へ家庭内暴力への対応計画策定が求められている。

暴力の加害者側に関しては、親がDVをしている家庭では、それを反面教師として暴力をふるわなくなる場合もあるが、そうした親たちの関係のあり方を当然のことと考え、そうした文化を受け継いでいく可能性が高い。親たちを見て、男の子も女の子も家庭での暴力が普通のこと、どの家庭でもしていることと学んでしまうのは恐ろしいことである。そうならないためには、暴力はいけない、DVは犯罪であるということを学校や地域で教えていかなければならない。暴力は重大な人権侵害であることを再確認し、社会全体で暴力の根絶に取

り組むことが必要である。暴力をなくしていこうという意識を社会に定着させて、暴力をみたらそれを止める勇気をおとなも子どももてるような社会にしていかなければならない。そして、DV の被害者になりそうな場合には、いやなことはいやといえる勇気がもてるように、一人ひとりのエンパワーメントが必要である。

注
1) 立法の経緯については、南野知恵子・小宮山洋子・大森礼子・林紀子・福島瑞穂・堂本暁子『詳細　DV 防止法』ぎょうせい、2001 年、に詳しい。
2) 宮崎聖子「日本の高齢男性における〈暴力〉観の諸相と女性に対する暴力」『国際ジェンダー学会誌』第 3 号、2005 年、89 〜 110 頁。
3) 法務省法務総合研究所の報告書によれば、166 人中半分近くが不起訴、略式請求であり、公判請求は 94 人。その中の大部分は執行猶予で、罰金は 5 人、実刑は 20 人とあまり多くない。
4) 2010 年 2 月に、宮城県石巻市では、暴力をふるわれ、実家に帰っていた少女（18 歳）を元交際相手の少年（18 歳）が連れ戻そうと少女宅に押し入り、少女の姉とその友人を殺害するという事件が起こった。

参考文献
遠藤智子『デート DV』K K ベストセラーズ、2007 年
国広陽子『女性に対する暴力・男性の暴力性の構築についてのジェンダー論的研究』平成 13 年度〜 14 年度科学研究費補助金　研究成果報告書、2003 年
総理府「男女間における暴力に関する調査」（平成 11 年調査）2000 年
男女共同参画審議会「女性に対する暴力に関する基本的方策について（答申）」2000 年 7 月 31 日
地域社会における女性のエンパワーメント研究会『女性たちは暴力の中をどう生きぬいたか―母たちの世代への聞き取りから―』1999 年
内閣府「第 3 次男女共同参画基本計画」2010 年
内閣府『平成 23 年版　男女共同参画白書』2011 年
内閣府「男女間における暴力に関する調査（平成 23 年度調査）」2012 年
南野知恵子他『詳細　DV 防止法』ぎょうせい、2001 年
法務省法務総合研究所研究部「研究部報告 40　配偶者暴力及び児童虐待に関する総合的研究」2008 年
宮崎聖子「日本の高齢男性における〈暴力〉観の諸相と女性に対する暴力」『国際ジェンダー学会誌』第 3 号、2005 年、89 〜 110 頁
森田ゆり・福原啓子・渡辺和子『女性に対する暴力―フェミニズムからの告発―』ウィ

メンズブックストア松香堂、1998年
ゆのまえ知子「女性に対する暴力」井上輝子他編『岩波　女性学事典』岩波書店、2002年

第 10 章
家庭生活における男女共同参画

　男女共同参画社会基本法の 6 条には、基本理念の一つである「家庭生活における活動と他の活動の両立」として「男女共同参画社会の形成は、家族を構成する男女が、相互の協力と社会の支援の下に、子の養育、家族の介護その他の家庭生活における活動について家族の一員としての役割を円滑に果たし、かつ、当該活動以外の活動を行うことができるようにすることを旨として、行われなければならない」と規定している。女性だけに家事、育児、介護を任せるのではなく、男女が共同して家庭生活における活動に関わり、男女がともに、それ以外の活動も行えるようにすることを求めている。

　1950 年代後半から 60 年代にかけての日本の高度経済成長期においては、効率が求められた。「男は仕事、女は家庭」の言葉に象徴される、男は企業戦士として働く、女は銃後の守りとして、家事、育児一切を引き受けるという性別役割分業体制は効率的である。しかし、効率性の追求は必ずしも人間らしい生活とはいえない。男性は家事、育児だけでなく身のまわりのことはすべて他人に任せ、賃金を得るための労働に打ち込む。一方、女性は賃金を稼ぐことは他人に任せ、家事、育児、介護という家族の身のまわりのことを引き受ける。それは人間として、偏っているのではないだろうか。男も女も、子どもも自分のことは自分でする。男も女も生活上の自立も経済上の自立もできて、初めて人間らしい人間といえるのではないだろうか。

　現実に、少子高齢化が進み、若年労働力の不足が予測され、女性も働かざるを得ない状況になってきている。「男は仕事、女も仕事」であり、「女は仕事も、

家事も」という新性別役割分業になっている。このような状況について、男女はそれぞれどのように考えているのだろうか。

1．男性の家事への関わり方

男性が家事に関わることについて、人々はどのような考えをもっているのだろうか。少し古い調査であるが、2000（平成12）年に内閣府が行った「男女

図表 10-1　男性の家庭への関わり方

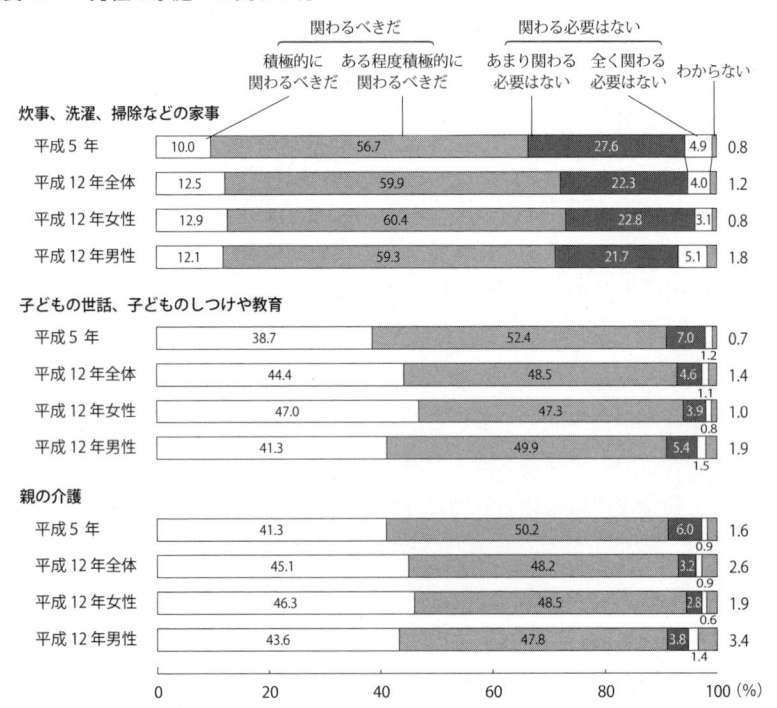

関わるべきだ：積極的に関わるべきだ／ある程度積極的に関わるべきだ
関わる必要はない：あまり関わる必要はない／全く関わる必要はない／わからない

炊事、洗濯、掃除などの家事

	積極的に関わるべきだ	ある程度積極的に関わるべきだ	あまり関わる必要はない	全く関わる必要はない	わからない
平成 5 年	10.0	56.7	27.6	4.9	0.8
平成 12 年全体	12.5	59.9	22.3	4.0	1.2
平成 12 年女性	12.9	60.4	22.8	3.1	0.8
平成 12 年男性	12.1	59.3	21.7	5.1	1.8

子どもの世話、子どものしつけや教育

平成 5 年	38.7	52.4	7.0	1.2	0.7
平成 12 年全体	44.4	48.5	4.6	1.1	1.4
平成 12 年女性	47.0	47.3	3.9	0.8	1.0
平成 12 年男性	41.3	49.9	5.4	1.5	1.9

親の介護

平成 5 年	41.3	50.2	6.0	0.9	1.6
平成 12 年全体	45.1	48.2	3.2	0.9	2.6
平成 12 年女性	46.3	48.5	2.8	0.6	1.9
平成 12 年男性	43.6	47.8	3.8	1.4	3.4

（資料出所）内閣府「男女共同参画社会に関する世論調査―男性のライフスタイルを中心に―」（平成12年）
（出典）内閣府『平成13年版　男女共同参画白書』

共同参画社会に関する世論調査―男性のライフスタイルを中心に―」でみてみたい。

1）男性と炊事、洗濯、掃除などの家事について

まず、「炊事、洗濯、掃除などの家事」について、「男性がどの程度関わるべきだと思うか」という質問に対する回答をみると、この調査（平成12年）では「積極的に関わるべきだ」という回答は男女合わせて12.5％であるが、「ある程度積極的に関わるべきだ」の回答と合わせると、7割を超える。男女別にみても同じような回答割合を示している。前回調査の1993（平成5）年と比べると、「積極的に」に「ある程度積極的に」を加えた「関わるべき」の回答が若干増えている。意識の面では、男女とも、男性は家事に関わるべきと考えている。年齢階層別にみると、男女とも年齢が高くなると、「関わるべき」が減る傾向がある。とくに女性の70歳以上では「関わるべき」が6割に満たない回答である。

2）男性と子どもの世話、子どものしつけや教育

「子どもの世話、子どものしつけや教育」に関する男性の関わりについては、家事と違って「積極的に関わるべき」が4割を超え、「ある程度」を含めると、9割を超える。男女別でみても同じ傾向を示している。1993（平成5）年の調査と比べると、「積極的に」が増えている。年齢階層別にみると、子育て世代の20歳代、30歳代の女性は「積極的に」が6割を超えている。男性も20歳代で「積極的に」が5割を超え、年齢層による意識の違いが現れている。

育児に父親が関わることは、母親の育児ノイローゼを予防するだけでなく、父親にとっても子どもの毎日の成長をみることは心を癒すものであり、自身の人間的成長を促すものである。子どもにとっても母親1人だけでなく、父親などの複数の人間が関わっていくことで、人間関係のあり方や社会のあり方を学び、さまざまな体験をすることができる。子育ては日本では仕事ととらえられているが、子育てが遊びの範疇にある民族もある。社会全体が子育てを楽しめる状況を作っていくことが、少子化社会を変えていくためには必要である。

3）男性と親の介護

「親の介護」への男性の関わり方についても、「積極的に関わるべき」が4割を超え、「ある程度」を含めると9割を超える。男女とも同じ傾向を示し、年齢階層別では20歳から40歳代の女性は「積極的に」が5割を超え、女性の60歳代以上では3割台になる。介護は重労働であり、是非とも男性に関わって欲しいところである。

以上の意識調査をみると、男女とも子育てと親の介護については男性が関わるのは当然という意識があることがわかる。

2. 家庭生活上の役割分担の実態

意識の上では、男女とも男性の家事に賛同していることがわかった。しかし、実際に男性は家庭で家事をしているのだろうか。同じ調査からみてみたい。

1）家事の分担

家庭で炊事、洗濯、掃除などの家事を誰が主に分担しているのだろうか。結婚している人に尋ねた調査結果をみると、9割近くが「妻」と答えている。男女別にみると、男性は「夫」あるいは「家族全体」と回答している割合が若干高いが、「妻」が85.3％を占めている。先にみたように、意識の上では男性もある程度関わるべきと思っても、実際はほとんど妻が担っていることがわかる。この調査は2000年の調査なので10年以上たった現在では少しは男性が関わるようになっているかもしれないが、意識と実態のギャップはあまりにも大きい。

2）子どもの世話の分担

結婚していて中学生以下の子どものいる家庭で「子どもの世話、子どものしつけや教育」の主な分担者に対する回答では「妻」が5割台で最も高いが、「家族全体」も38.0％と4割近くを占めている。この回答は男女で差があり、男

性は「家族全体」と回答する割合が4割を超えているが、女性は3割台にとどまっている。男性としては主観的に自分自身がかなり子育てには関わっていると思っているが、女性からみるとやはり妻任せとみえるのだろう。炊事などの家事よりは、実際に男性が関わっているようであるが、意識と比べると、まだまだ男性の分担は少ない。

図表10-2　家庭生活上の役割分担

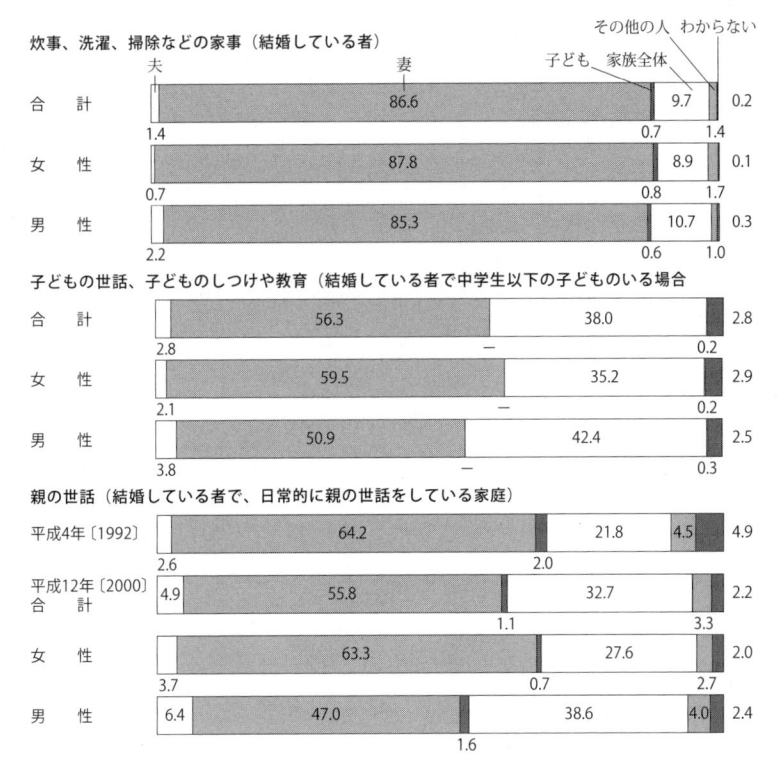

炊事、洗濯、掃除などの家事（結婚している者）

	夫	妻	子ども	家族全体	その他の人	わからない
合計	1.4	86.6	0.7	9.7	1.4	0.2
女性	0.7	87.8	0.8	8.9	1.7	0.1
男性	2.2	85.3	0.6	10.7	1.0	0.3

子どもの世話、子どものしつけや教育（結婚している者で中学生以下の子どものいる場合）

	夫	妻	子ども	家族全体	その他の人	わからない
合計	2.8	56.3	—	38.0	0.2	2.8
女性	2.1	59.5	—	35.2	0.2	2.9
男性	3.8	50.9	—	42.4	0.3	2.5

親の世話（結婚している者で、日常的に親の世話をしている家庭）

	夫	妻	子ども	家族全体	その他の人	わからない
平成4年〔1992〕	2.6	64.2	2.0	21.8	4.5	4.9
平成12年〔2000〕合計	4.9	55.8	1.1	32.7	3.3	2.2
女性	3.7	63.3	0.7	27.6	2.7	2.0
男性	6.4	47.0	1.6	38.6	4.0	2.4

（資料出所）内閣府「男女共同参画社会に関する世論調査―男性のライフスタイルを中心に―」
　　　　　（平成12年）
（出典）内閣府『平成13年版　男女共同参画白書』

図表 10-3　就学前の子どもの育児における夫・妻の役割

(%)

		もっぱら妻が行う	主に妻が行うが、夫も手伝	妻も夫も同じように行う	主に夫が行うが、妻も手伝	もっぱら夫が行う	わからない
〔男性〕							
日本	2010 年 (539 人)	6.3	56.0	34.1	0.7	-	2.8
	2005 年 (501 人)	7.2	55.1	34.5	0.6	0.2	2.4
韓国	2010 年 (514 人)	5.8	56.6	34.6	1.8	-	1.2
	2005 年 (511 人)	4.2	69.0	25.8	1.0	-	-
米国	2010 年 (491 人)	2.9	35.2	58.5	1.0	-	2.4
	2005 年 (472 人)	3.4	36.0	55.5	1.9	0.2	3.0
フランス	2010 年 (460 人)	9.3	29.1	58.5	1.5	0.2	1.3
	2005 年 (503 人)	11.3	32.1	54.4	0.9	0.1	1.1
スウェーデン	2010 年 (510 人)	-	6.5	91.0	1.2	-	1.4
	2005 年 (495 人)	0.4	6.9	91.5	0.4	-	0.8
〔女性〕							
日本	2010 年 (709 人)	7.5	63.3	28.2	0.1	-	0.8
	2005 年 (614 人)	10.3	60.3	28.5	0.3	-	0.7
韓国	2010 年 (491 人)	3.7	53.4	41.3	1.0	-	0.6
	2005 年 (493 人)	4.3	58.1	37.2	0.4	-	-
米国	2010 年 (509 人)	0.4	30.6	66.2	1.4	-	1.4
	2005 年 (528 人)	3.0	29.9	64.8	0.2	-	2.1
フランス	2010 年 (542 人)	19.2	40.6	39.5	0.6	-	0.2
	2005 年 (503 人)	16.7	30.2	52.2	0.2	-	0.7
スウェーデン	2010 年 (491 人)	0.4	7.9	89.4	1.0	-	1.2
	2005 年 (524 人)	-	6.3	93.3	0.2	-	0.2

(出典) 内閣府「少子化社会に関する国際意識調査報告書」(平成 23 年)

　就学前の子どもの育児における夫の役割分担について、諸外国の状況と比べてみると、内閣府の「少子化社会に関する国際意識調査報告書」(平成 23 年)によれば、米国、フランス、スウェーデンでは男性の回答として「妻も夫も同じように行う」が半分以上を占め最も高くなっている。中でもスウェーデンで

は9割を占めている。女性の回答は、米国、スウェーデンでは「同じように」がかなり高い割合を占めている。それに対して、日本と韓国は「主に妻が行うが、夫も手伝う」が男女とも半分以上を占め、最も高い。

3）親の介護の分担

　結婚していて日常的に親の世話をしている家庭で主に親の世話をする分担者については、「妻」が半分以上を占めるものの、「家族全体」が3割を超えている（図表10-2）。「家族全体」が「子どもの世話」よりも若干低く、とくに女性の回答では3割を切っている。「親の介護」は「子どもの世話」より妻任せになってしまうと女性の方は感じているようである。1992（平成4）年の調査と比べると、「家族全体」の回答がかなり増えている。

　国民生活基礎調査から要介護者との続柄別にみた介護者の割合をみると、「同居」が64.1％と最も高く、次いで「事業者」(13.3％)となっている。同居者の中では、「配偶者」が最も高く、次が「子」「子の配偶者」で、介護者を性別にみると、女性69.4％、男性30.6％と7割を女性が占めている（厚生労働省、2011年）。介護も女性分担者は男性の倍なのである。

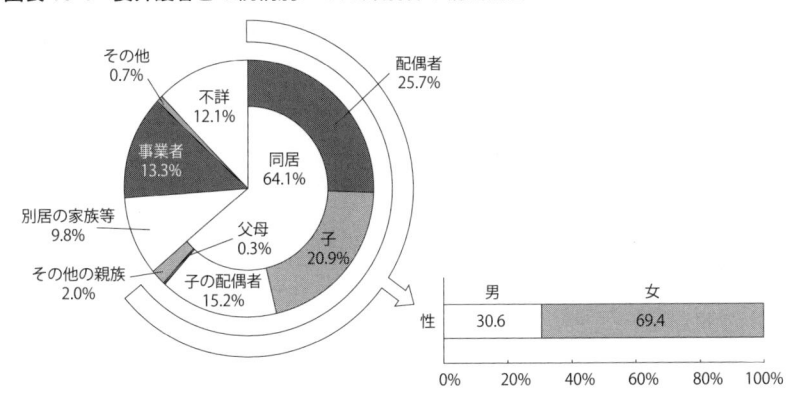

図表10-4　要介護者との続柄別にみた介護者の構成割合

区分	割合
その他	0.7%
不詳	12.1%
事業者	13.3%
別居の家族等	9.8%
その他の親族	2.0%
子の配偶者	15.2%
父母	0.3%
子	20.9%
同居	64.1%
配偶者	25.7%

性	男	女
	30.6	69.4

（出典）厚生労働省「平成22年国民生活基礎調査」

4）生活時間調査にみる男性の家事時間

次に、男性の家事分担の実態について、生活時間調査からみてみよう。総務省の「平成18年社会生活基本調査」によれば、1週間の平均家事関連時間について男性は38分、女性は3時間35分と男女間に大きな差があった。男女、年齢階級別にみると、男性は65歳以上85歳未満の年齢階級で1時間以上となっており、定年退職後の男性は家事をしていることがわかる。2001（平成13）年調査と比べると、男性は平均で7分増加している。年齢階級別にみても、男性は15～19歳を除くすべての年齢階級で数分の単位ではあるが家事時間が増加している。

6歳未満児のいる家庭について、1日当たりの夫の家事・育児関連時間をみると、家事関連時間は1時間でそのうち育児時間は33分である。これを他の国と比べてみると米国、ドイツ、スウェーデン、ノルウェーの夫の家事関連時

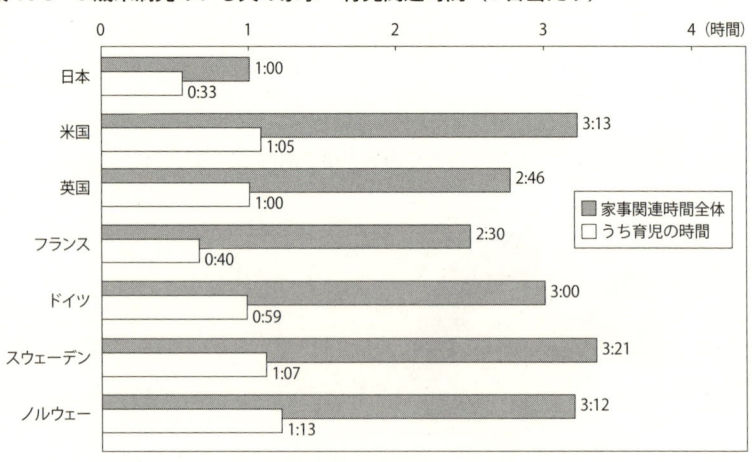

図表10-5　6歳未満児のいる夫の家事・育児関連時間（1日当たり）

国	家事関連時間全体	うち育児の時間
日本	1:00	0:33
米国	3:13	1:05
英国	2:46	1:00
フランス	2:30	0:40
ドイツ	3:00	0:59
スウェーデン	3:21	1:07
ノルウェー	3:12	1:13

（備考）1. Eurostat "How Europeans Spend Their Time Everyday Life of Women and Men"（2004）、Bureau of Labor Statistics of the U.S."America Time-Use Survey Summary"（2006）および総務省「社会生活基本調査」（平成18年）より作成
　　　　2. 日本の数値は、「夫婦と子どもの世帯」に限定した夫の時間である
（出典）内閣府「平成23年版　男女共同参画白書」

間は3時間を超えており、比較的夫の家事時間の低いフランスでも2時間半を超えている。こうした国では夫の育児の時間も長く、フランス（40分）、ドイツ（59分）を除いていずれも1時間を超えており、日本の倍近くの時間を分担している（図表10-5）。先に述べた「就学前の子どもの育児における夫・妻の役割」で米国、フランス、スウェーデンでは「妻も夫も同じように行う」と回答した割合が高かったことが頷ける。

　家事・育児と労働（通勤時間を含む）時間についてカップルの合計時間に占める女性のシェアを6歳以下の子どもがいる男女についてみると（図表10-6）、日本の場合は家事・育児では女性が79.3％を占め、労働では17.8％とアンバランスになっている。米国、フランス、スウェーデンでは家事・育児の女性割合が6割程度で、労働に占める女性割合は日本より高い。とくに、スウェーデンでは労働に占める女性割合は4割となっている。韓国は日本と似たような状況にあるが、日本より家事・育児時間に占める女性割合は低く、労働時間の割合は高い。

　日本の男性は労働時間が長すぎる。そのため、夜遅く帰ってから、家事や育児は分担できない。男女ともに、家事も仕事もでは大変なので、子どもを生む

図表10-6　行動の種類別にみたカップルの合計時間に占める女性のシェア（％）
　　　　　―6歳以下の子供がいる男女、2010年―

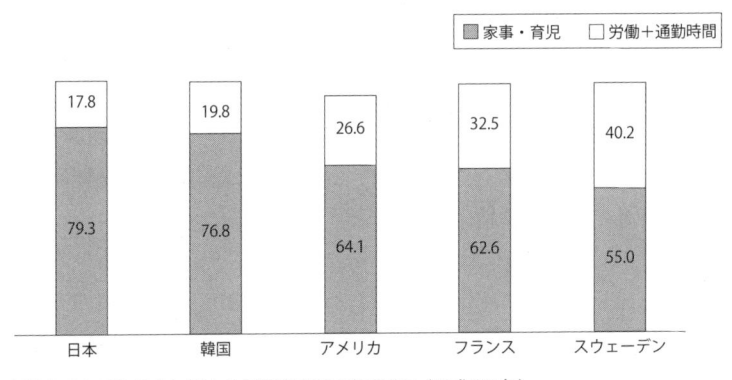

　　　　　　　　　　　　　　　　　　　　　　　　■家事・育児　□労働＋通勤時間

	日本	韓国	アメリカ	フランス	スウェーデン
労働＋通勤時間	17.8	19.8	26.6	32.5	40.2
家事・育児	79.3	76.8	64.1	62.6	55.0

（出典）内閣府「少子化社会に関する国際意識調査報告書」（平成23年）

ことをあきらめるカップルが多くなるのではないだろうか。厚生労働省の「平成13年版女性労働白書」によれば「先進諸国における男性の家事時間割合と出生率の関連をみると、ノルウェー、オーストラリアなど男性の家事時間割合が高く出生率も高い国と、日本、イタリアのように男性の家事時間割合が低く出生率も低い国というように、ゆるやかな相関が見られる」(厚生労働省、2002年、67頁)とのことである。

3. 育児休業制度、介護休業制度と男性

労働基準法では出産前の6週間と出産後8週間の出産休暇を規定している。しかし、出産後8週間たったあとの子どもの世話が問題になる。産休が明けた0歳児保育をする保育所は少ない[1]。すぐに職場に復帰することはなかなか大変である。そこで、産休の延長、子どもが1歳くらいまでは両親のどちらかが休暇を取って子どもの世話をする制度が考えられてきた。

1) 育児休業制度

日本の育児休業制度は1965(昭和40)年に日本電信電話公社(現NTT)で始まった。電話交換手の女性たちが出産後1年くらいの休業の後に再び職場に復帰できる制度を求めていた。当時電話は女性の交換手がつないでいた。ベテラン交換手ほど早くつなげるので交換の仕事は長く続けて欲しかった。そのような状況の中で育児休業制度が採用されることになったのである。

その後、1975(昭和50)年に「義務教育諸学校等の女子教育職員及び医療施設、社会福祉施設等の看護婦、保母等の育児休業に関する法律」が成立し、教員、看護婦、保育の女性公務員に1年間の育児休暇が保障された。しかし、育児休暇制度は一般企業にはなかなか広がらなかった。

1987(昭和62)年に労働団体からの要請を受けて、野党が共同で「育児休業法案」を国会に提出したが、継続審議の後に廃案となってしまった。1990年代になって、労働組合が積極的に取り組み始めたため、旧労働省は1990(平

成2）年に婦人問題審議会に育児休業制度について諮問し、法制化の準備を進めた。当時、合計特殊出生率が落ち込む中で、政府は少子化対策を迫られていた。

育児休業法は1991（平成3）年5月に成立し、1992年4月から施行された。1991年当時従業員30人以上の企業で育児休業制度があるのは21.9％にすぎなかった。法律の施行によって、各企業は育児休業制度を設けることを義務づけられた。1995（平成7）年には介護休業制度が盛り込まれ、1999（平成11）年に「育児・介護休業法」（正式名称は「育児休業、介護休業等育児又は家族介護を行う労働者の福祉に関する法律」）として施行された。その後、2002（平成14）年、2004（平成16）年、2009（平成21）年に大きな改正が行われた。

育児休業について法は次のことを規定している。

① 1歳未満の子どもを養育する男女労働者は、子どもが1歳（保育園の空きがないなどの場合は1歳6か月）になるまで育児休業を申し出ることができる（5条）。事業主は労働者からの育児休業の申し出があったときはこれを拒むことができない（6条）。
② 小学校就学前の子を養育する労働者は、1年に5労働日（小学校就学前の子が2人以上の場合は10労働日）の看護休暇を取得することができる（16条の2）。
③ 3歳未満の子を養育する労働者が請求した場合においては、所定労働時間を超えて労働させてはならない（残業免除）（16条の8）。小学校就学前の子を養育する労働者が請求したときは、制限時間（1月について24時間、1年について150時間）を超えて労働時間を延長してはならない（17条）。小学校就学前の子を養育する労働者が請求した場合においては、午後10時から午前5時までの深夜業をさせてはならない（19条）。
④ 事業主は、3歳未満の子を養育する労働者のうち育児休業をしていない者に、所定労働時間の短縮などの措置を講じなければならない（短時間勤務制度）（23条）。

2009（平成21）年の改正（2010年6月施行）では、父親も子育てができる働き方の実現として、①父母がともに育児休業を取得する場合、育児休業取得

可能期間を子が1歳から1歳2か月に達するまで延長する（「パパ・ママ育休プラス」）、②妻の出産後8週間以内に父親が育児休業を取得した場合、特例として育児休業の再度の取得を認める、③労使協定により専業主婦の夫などを育児休業の対象外にできるという法律の規定を廃止し、すべての父親が必要に応じ育児休業を取得できるようにする（厚生労働省、2009年）。以上の3点が付け加えられた。

育児休業法は、電電公社や義務教育職員などの育児休職が女性のみを対象としたのと違って、男女労働者を対象とする点で、画期的である。実際は、男性の育休取得者は少ないものの、権利として保障されている点を評価したい。また、一定の条件を満たす有期雇用者にも適用されることとなった。

育児休業中の所得保障については、1992（平成4年）年の法律施行当時は、休業中の所得保障は全くなかった。そのため、経済的理由からも休暇は取りにくい状況であった。現在は、雇用保険から休業前賃金の50％相当額が給付されることになっている。しかし、半分の給料では、父母のうち給料の安い方、多くの場合女性が休暇を取ることになりがちである。

2) 育児休業制度の実施状況
①育児休業取得状況

厚生労働省の「平成22年度雇用均等基本調査」によれば、育児休業制度の規定がある事業所は、事業所規模30人以上では90.0％となっているが、事業所規模5人以上でとらえると、68.3％と低くなる。育児休業制度の規定のある事業所において、子が何歳になるまで育児休業を取得できるかをみると、「1歳6か月（法定どおり）」が84.9％であるが、それ以上取得できる事業所もある（厚生労働省、2011年）。

「平成23年度雇用均等基本調査」による2011（平成23）年度の育児休業取得者の割合は、出産した女性のうち87.8％である。配偶者が出産した男性のうち育児休業取得者割合は、2.63％と大変少ない。男女とも2010年度より取得率が上昇している（厚生労働省、2012年）。女性の取得率は14年前の1996（平成8）年より30％以上伸びている。男性の取得率は過去最高ではあるが、2％

台というのは少なすぎる。2010年12月に策定された国の「第3次男女共同参画基本計画」では、2020（平成32）年までに男性の育児休業取得率を13%にすることを目標としている。

厚生労働省は、2010（平成22年）年6月の改正育児・介護休業法の施行と合わせ、育児を積極的にする男性「イクメン」を応援する「イクメンプロジェクト」を開始して、社会的機運の醸成を図っているとのことである（厚生労働省、2011年、109頁）。

先に引用した2000（平成12）年に総理府の行った「男女共同参画社会に関

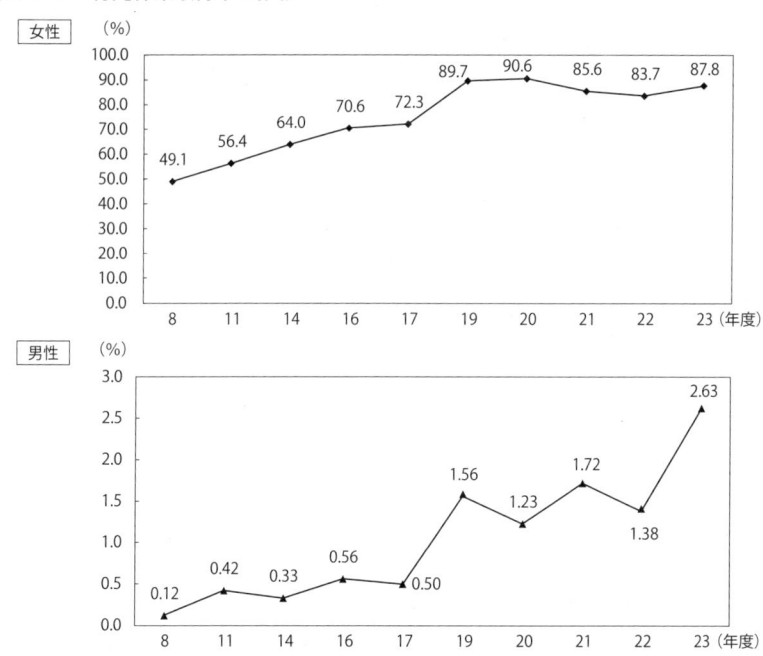

図表 10-7　育児休業取得率の推移

女性 (%)

年度	8	11	14	16	17	19	20	21	22	23
女性	49.1	56.4	64.0	70.6	72.3	89.7	90.6	85.6	83.7	87.8
男性	0.12	0.42	0.33	0.56	0.50	1.56	1.23	1.72	1.38	2.63

育児休業取得率 = 出産者のうち、調査時点までに育児休業を開始した者（開始の予定を申し出た者を含む）の数 / 平成21年10月1日～平成22年9月30日までの間の出産者（男性の場合は配偶者が出産した者）の数

（出典）厚生労働省「平成23年度雇用均等基本調査（速報）」

する世論調査―男性のライフスタイルを中心に―」によれば「男性が育児休業をとることについて」の回答をみると、男女とも2割以上が「積極的にとった方がよい」と回答し、「どちらかといえば」を含めると、7割弱が「とった方がよい」としている。しかしながら、実際は、配偶者が出産した男性の2.63％しか育児休業を取得していない。その理由は何だろうか。(財)子ども未来財団の「子育てに関する意識調査」(平成13年)をみると、「男性本人が育児休業を取得しない理由」として、子育て層の男性では「仕事の量や責任が大きいから」(66.7％)が最も高く、次に「収入が減少し、家計に影響するから」(57.8％)、そして「職場で理解が得られないから」(47.6％)となっている。先に述べたように、所得保障が50％というのでは生活が難しく、休みたくても休めない。職場の理解については、男性に育児休業をとることを義務づけるなどの措置が必要である。最近では、現職知事や市区町村の首長が育児休業を取り始めている(2012年5月28日付朝日新聞)。公務員のトップが育児休業を取得し、育児に関わるようになると、社会の情勢が変わってくるだろう。ノルウェーやスウェーデンなどでは、「パパクオータ制」といって、一定の期間はパパのみに育休が割り当てられておりパパ以外はとれず、所得保障も十分な育児休暇がある。こうした国では、男性の育児休業取得率も高い(内閣府、2007年)。

　法律にはとくに規定はないが、配偶者が出産したときに男性も休暇を取りやすくするために「配偶者出産制度」を作っている事業所は、2011（平成23）年調査では46.8％であった。取得可能日数は1日～5日が9割を占めるが、配偶者休暇制度については、事業所の中で徐々に広まり始めており、取得者も増え、職場の理解も得やすくなっているようである。

②勤務時間短縮制度

　2009（平成21）年6月に育児・介護休業法が改正される前は、事業主は3歳未満の子を養育する労働者に、短時間勤務制度、所定外労働免除制度、フレックスタイム制度、時差出勤制度、事業所内保育施設の設置運営などから一つを選択して、制度を設けることが義務づけられていた（選択的措置義務）。改正後（2010年6月30日施行）は、事業主は3歳未満の子を養育する労働者について

労働者が希望すれば利用できる短時間勤務制度（1日原則6時間）を設けることが義務づけられた。また、3歳未満の子を養育する労働者は請求すれば残業が免除される（厚生労働省、2011年、22頁）。

　厚生労働省の「平成22年度雇用均等基本調査」をみると、「育児のための勤務時間短縮等の措置の制度の導入状況」結果では、「勤務時間短縮制度」（54.3％）が最も高いが、事業主に義務づけられているにもかかわらず、導入事業所は半数であった。次は「所定外労働の免除」（49.9％）、「始業・終業時刻の繰り上げ・繰り下げ」（31.1％）となっている。また、制度のある事業所の利用者割合をみると、女性は2010年に「短時間勤務制度利用者」は35.5％と3分の1強であった。むしろ、「事業所内託児施設利用者」の方が高く、54.4％を占めていた。

　育休をとって、男女労働者がゆっくりと子育てを楽しめるようにしていくことは大事である。しかし、技術進歩の著しい今日においては、1年近く仕事から離れることは考えものである。それより毎日短時間でも仕事に関わり、仕事と子育てを両立できるようにすることが必要である。日本的なパートタイマーではなく、短時間正社員制度を男女とも利用できるように、普及させていくことが必要である。

3）介護休業制度

　介護休業制度は、先に述べたように1995（平成7）年に育児休業法に盛り込まれ、99（平成11）年からすべての事業所を対象に施行された。育児と並んで仕事を続ける上でネックとなっている介護については、介護休職制度を期待する声が高かった。しかし、介護については育児と違って、いつ終わるか限定しにくいことと、介護を担う世代は育児担当世代と違って、管理職などの役職に就いている場合が多く、代替が難しいなどの理由で、介護休職法はなかなか認められなかった。

　介護休業法の主な内容は次の通りである。

①男女労働者は要介護状態にある家族1人につき通算して93日まで介護休業

を申し出ることができる。2人以上の要介護状態について介護休業をした場合には介護休業ごとに、開始した日から終了した日まで合算して93日とする（11条）。
②要介護状態にある家族を介護する労働者は、1年に5労働日（要介護状態にある家族が2人以上の場合は10労働日）の介護休暇を取得することができる（16条の5）。
③要介護状態にある家族を介護する労働者が請求したときは、制限時間を超えて労働時間を延長してはならない（18条）。また、介護する労働者が請求した場合においては、深夜業をさせてはならない（20条）。
④事業主は、介護休業と合わせて93日以上の勤務時間短縮などの措置を講じなければならない（23条）。

　介護休業も、男女労働者を対象としている。所得保障は育児休業と同様に雇用保険から休業前賃金の50％が給付される。

4）介護休業取得状況
　厚生労働省の「平成23年度雇用均等基本調査」から介護休業取得者割合をみると、常用労働者に占める休業取得者は0.14％であり、女性は0.22％、男性は0.08％と少ない。取得者を男女別にみると、女性が64.0％を占めている。それでも、10年前（1999年度調査）に比べると、男性の取得者割合は増加している。介護休業制度の規定がある事業所は67.1％であり、これも10年前の4割に比べ増えている。「平成20年度雇用均等基本調査」では、勤務時間短縮の制度について、4割の事業所があると回答している。
　育児休業制度も介護休業制度も男性の利用はまだまだ少ない。男女労働者が必要なときに利用できるようにシステムを考えていくことが必要である。とくに今後少子高齢化が進む社会においては、誰もが安心して子育てや家族介護ができるように、まわりに気兼ねなく休暇を取得できるように制度を整備していくことが必要である。育児や介護は男女が半々に担っていくものであることはいうまでもないが、育児や介護は個々の家庭の問題ではなく、社会全体が担っ

図表 10-8　介護休業者割合

(単位%)

	男女計		女性		男性		介護休業者計	女性	男性
	営業労働者計	介護休業者	女性常用労働者計	介護休業者	男性常用労働者計	介護休業者			
合計	100.0	0.14	100.0	0.22	100.0	0.08	100.0	64.0	36.0

(出典) 厚生労働省「平成23年度雇用均等基本調査」

ていくべきであるとの認識を広め、家族の育児や介護で休まざるを得ない男女労働者に対し事業主をはじめ、まわりがサポートしていくという企業風土をつくっていくことが大事である。そのためには企業中心でない生活中心のゆとりのある働き方を考えていかなければならない。

4. ワーク・ライフ・バランス

1) ワーク・ライフ・バランスとは

　近年、ワーク・ライフ・バランス(仕事と生活の調和)に関心が集まっている。経済界・労働界・地方公共団体の代表者らと関係閣僚とからなる「仕事と生活の調和推進官民トップ会議」は、官民一体となって仕事と生活の調和が実現した社会の実現を目指して、2007(平成19)年12月に「仕事と生活の調和推進(ワーク・ライフ・バランス)憲章」(以下「憲章」と略)と「仕事と生活の調和推進のための行動指針」(以下「行動指針」と略)を策定した。さらに、リーマン・ショック後の経済情勢などの変化を受けて、2010(平成22)年6月に「憲章」「行動指針」の改定を行っている。

　「憲章」には、仕事と生活の調和に向けた取り組みを通じて、「ディーセント・ワーク(働きがいのある人間らしい仕事)」の実現、「新しい公共」[2]への参加機会拡大による地域社会の活性化につなげるとし、その取り組みにあたっては社会と家庭における男女共同参画の視点が盛り込まれた。「仕事と生活の調

和が実現した社会の姿」として、「1 就労による経済的自立が可能な社会」「2 健康で豊かな生活のための時間が確保できる社会」「3 多様な働き方・生き方が選択できる社会」を具体的に目指す社会としている。さらに、「関係者が果たすべき役割」として、企業や働く者、国、自治体が取り組み、目指すべき方向性を提示している（仕事と生活の調和関係省庁連携推進会議、2011 年）。

　「行動指針」には、社会全体として達成することを目指す目標として、政策によって一定の影響を及ぼすことができる 14 項目について具体的な数値目標をあげている。2020（平成 32）年の目標値は取り組みが進んだ場合に達成される水準を設定するとしている。たとえば、「多様な働き方・生き方が選択できる社会」の数値目標設定指標の一つとしては、「6 歳未満の子どもを持つ夫の育児・家事関連時間」をあげ、現状では「1 日当たり 60 分」を 2020 年には、「2 時間 30 分」にするという数値目標を示している（同上）。

　また、「行動指針」には「国の取り組み」として、「顕彰制度や企業の取り組みの診断・点検を支援する」などの具体的指針が提示され、ファミリー・フレンドリーな企業に対し「均等・両立推進企業表彰」などを実施している（内閣府、2011 年）。地方公共団体の具体的取り組みとしては、「仕事と生活の調和の実現に積極的に取り組む企業に対する認証・認定制度や表彰、融資制度や優遇金利の設定、公共調達における優遇措置」などが具体的に示されている。こうした取り組みへの要望が国から都道府県へ、そして、各市区町村へ出され、男女共同参画計画策定の際などに考慮することが求められている。

　ワーク・ライフ・バランスを実現するためには、保育所の整備や正社員の短時間勤務制度の確立などの子育て支援が重要な課題である。子育て支援の充実ということでは、2003（平成 15）年 7 月に制定された「次世代育成支援対策推進法」が強い味方になっている。この法律は仕事と子育ての両立を目指す行動計画策定を、自治体と事業所に義務づけている。各事業所は、2014（平成 26）年までに男性の育児休業取得を推進するなどの具体的な計画を策定し、社員に周知、公表するとともに、労働局に提出しなければならない。自治体は 5 年ごとに目標を設定した地域行動計画を、また、職員に対する特定事業主行動計画を提出することを義務づけられている。初めは、従業員 301 人以上の事

業所が対象で、従業員300人以下は努力義務であったが、2011（平成23）年4月からは従業員101人以上300人以下の事業所も義務化された。2010（平成22）年9月段階で、全国の101人以上事業所の97.5％が行動計画策定届を提出している（厚生労働省2012年3月末現在）。計画目標を達成するなど一定の基準を満たした企業を2007（平成19）年から「子育てサポート企業」として認定している。認定企業数は、2012年3月末現在、1,219社である。認定を受けたメリットとしては、子育てサポート企業であることをＰＲすることができ、企業のイメージアップに効果があるということである（厚生労働省、2011年）。計画がすべて実行されるかどうかはわからないが、法律で行動計画策定が義務化され、計画実施が要請されている効果は大きい。ただし、この法律は2015（平成27）年までの時限立法で、それまでに達成することが求められている。

2）なぜ、ワーク・ライフ・バランスが必要か

　ワーク・ライフ・バランスに関しては政・労・使が一体となって積極的に取り組んでいる状況がみられる。しかし、国がこれだけワーク・ライフ・バランス政策に力を入れているのはなぜだろうか。男女共同参画会議「仕事と生活の調和（ワーク・ライフ・バランス）に関する専門調査会」が2007（平成19）年7月に出した報告書では「(1) 個人にとっての必要性：希望するバランスの実現」として①仕事と家庭の両立が困難、②自己啓発や地域活動への参加が困難、③長時間労働が心身の健康に悪影響、の３点を改善するために、「(2) 社会全体にとっての必要性：経済社会の活力向上」として「労働力不足の深刻化」「少子化の急速な進行」に対応するために、「(3) 個々の企業・組織にとっての必要性：多様な人材を生かし競争力を強化」として「ワーク・ライフ・バランスの取組は、単なるコストではなく、将来の成長・発展につながる『明日への投資』であり、経営戦略として重要な柱である」ことをあげている（男女共同参画会議「仕事と生活の調和〔ワーク・ライフ・バランス〕に関する専門調査会」2007年）。

　つまり、ワーク・ライフ・バランスは個人の生活のバランスのためだけでなく、社会や企業にとっても必要であるというのである。それは、少子高齢化による

将来の労働力不足を食い止めるために、女性労働力を活用し、かつ、女性が働きつつ子どもを生み育てやすい仕事と家庭の両立ができる環境を整えて、出生数を回復するためである。企業にとっては一時的なコストにみえるかもしれないけれど、長い目でみれば重要な投資なのだというのである。育児休業法が成立に至った理由と同じである。

とはいえ、短時間勤務制度や在宅勤務制度などを導入する企業も増えてきている。短時間勤務制度の導入によって、「結婚・出産に伴う離職が顕著に低下しており、有能な社員の流出防止に成功」「社員は長期の育児休業より短時間勤務を選ぶ傾向があり、導入は企業側にとっても合理的」などの効果が現れている。また、在宅勤務制度（テレワーク）導入によって、「特別な事情をもつ社員から、希望者はすべて利用できる無限定化が進み、『できる社員』こそ利用する」「移動時間の節約のみならず、自宅で集中できることが企画力や能率性に好影響」などの効果がある（内閣府政策統括官、2007年）、などの報告もある。

また、「会議を開く際、会議内容にあった時間（「15分・30分・60分、最長90分まで」）をあらかじめ決めておくことをルールにしている。これにより、会議の内容や進行を十分整理してから会議に臨むようにしている」「社内会議のためだけの資料を作成することを禁止している。（中略）無駄な資料が大幅に削減されるとともに、副次的な効果として資料の質が向上した」などのワーク・ライフ・バランスに関連する仕事の進め方が経営上も効果があると紹介され、共有化が進められている（内閣府、2011年、119頁）。

3）男女共同参画とワーク・ライフ・バランス

男女共同参画社会を形成する上で、社会と家庭における一人ひとりの仕事と生活のバランスが重要であることはいうまでもない。上記のように、たとえ、ワーク・ライフ・バランスの主要な目的が少子化対策であったとしても、一人ひとりが生き生きと人間らしい生活を送ることができる男女共同参画社会の形成のためには、ワーク・ライフ・バランスを欠かすことはできない。国が進めるワーク・ライフ・バランス政策によって、企業はコストがかかるとしぶしぶであろうともワーク・ライフ・バランスに取り組み、それによって仕事全体の

効率化を進める効果も現れてきているという。今までの男性中心の働き方ではなく、仕事と生活のバランスがとれた働き方を進めることで、仕事の合理化という副次的効果も生み出されている。

そうした意味で、ワーク・ライフ・バランス政策は社会全体の意識を変えていく原動力にもなりうる。これからの社会では、ワーク・ライフ・バランスを積極的に推進し、男女ともに仕事と生活のバランスがとれた男女共同参画社会を形成していくことが必要である。国や地方自治体もワーク・ライフ・バランスを含めた男女共同参画政策の主流化を推進することが重要である。

注
1) 2011（平成23）年4月1日現在、保育所に入所できない待機児童数は25,556人で前年度に比べ減少した。3歳児未満の公的保育サービスの提供割合は、24.0％（4人に1人）となっている（厚生労働省、2011年）。「仕事と生活の調和推進のための行動指針」の数値目標としてあげられている保育サービス（3歳未満児）は2017年度までに44％である（仕事と生活の調和関係省庁連携推進会議、2011年）。
2) 「新しい公共」とは、行政だけでなく、市民やNPO、企業などが積極的に公共的な財・サービスの提供主体となり、教育や子育て、まちづくり、介護や福祉などの身近な分野で活躍することを表現するもの（仕事と生活の調和関係省庁連携推進会議、2011年）。

参考文献
大沢真知子『ワークライフバランス社会へ』岩波書店、2006年
厚生労働省『平成13年版　女性労働白書―働く女性の実情―』(財)21世紀職業財団、2002年
厚生労働省「平成20年度雇用均等基本調査」2009年
厚生労働省「育児休業、介護休業等育児又は家族介護を行う労働者の福祉に関する法律及び雇用保険法の一部を改正する法律の概要」2009年
厚生労働省『女性労働の分析　2009年』(財)21世紀職業財団、2010年
厚生労働省「平成22年度雇用均等基本調査」2011年
厚生労働省「平成22年国民生活基礎調査の結果」2011年
厚生労働省「保育所関連状況とりまとめ（平成23年4月1日）」2011年
厚生労働省「次世代法の認定企業が1,000社を突破しました～『くるみん』のいる会社は働く人の子育てをサポートしています～」2011年
厚生労働省「平成23年度雇用均等基本調査」2012年

仕事と生活の調和関係省庁連携推進会議「仕事と生活の調和（ワーク・ライフ・バランス）レポート2011」2011年
総務省「平成18年社会生活基本調査　調査結果の概要」2008年
総理府「男女共同参画社会に関する世論調査―男性のライフスタイルを中心に―」2000年
男女共同参画会議仕事と生活の調和（ワーク・ライフ・バランス）に関する専門調査会「『ワーク・ライフ・バランス』推進の基本的方向報告」2007年
内閣府『平成13年版　男女共同参画白書』財務省印刷局、2001年
内閣府政策統括官「ワーク・ライフ・バランス　企業における最新の試み」2007年
内閣府「平成18年度男女共同参画社会の形成の状況・平成19年度男女共同参画社会の形成の促進施策」2007年
内閣府『第3次男女共同参画基本計画』2010年
内閣府「平成23年版　子ども・子育て白書」2011年
内閣府「平成23年版　男女共同参画白書」2011年
内閣府「少子化社会に関する国際意識調査報告書」2011年
藤原千賀「男女共同参画社会と少子化」武蔵野大学現代社会学部現代社会学科編『現代社会の論点』文化書房博文社、2007年

あとがき

　永年、武蔵野大学で教えてきた女性学の講義を1冊のテキストにまとめてみようと考えたのは、1年以上前のことだった。初めに2～3章書いたところで他の用事にかまけて中断してしまい、もう書けないのではないかとあきらめかけていた。そんな時、私の背中を押したのは、10年くらい前に出したテキスト『女性と労働』増刷の話だった。「増刷するので修正箇所があれば……」ということだったので、「10年たち、データを更新したい」と相談したところ、「改訂版を出すわけではないので、それはできない」とのことであった。それなら、関連箇所のデータ更新を含めて、新しい本を出そうと、1年前に中断していた原稿を引っ張り出してきた。1年たってしまったので書き終えたところも直近のデータに書き替えなければならなかった。研究室が武蔵野から有明へ引っ越す騒ぎの中で時間がなくなり、書きたいことはまだまだあるけれど、とりあえず終わりにした。

　出版にあたっては、多くの方々のお世話になった。武蔵野大学アソシエートの芦田頼子さんのご努力で武蔵野大学出版会に引き受けていただいた。朝浩之さんにはウッカリミスをご指摘いただき、編集プロの目に大いに助けられた。堀博さんにはすてきな表紙をデザインしていただき、みているだけで男女共同参画の未来が拓けそうな気がしてくる。また、アズディップの金子隆之さんには図表の多い原稿にご苦労いただいた。これまで続けてきた講義や研究活動では、お名前はあげないが、沢山の友人や先生方にご指導いただき、助けていただいたことに感謝申し上げたい。さいごに、「女性の理系能力を生かす」べく、努力している娘にエールを送り、筆をおきたい。

　　　　　　　　　　2012年夏　東京ゲートブリッジを臨む研究室にて
　　　　　　　　　　　　　　　　　　　藤原千賀

男女共同参画社会基本法

（平成十一年六月二十三日法律第七十八号）
最終改正：平成十一年十二月二十二日法律第百六十号

第一章　総則（第一条―第十二条）
第二章　男女共同参画社会の形成の促進に関する基本的施策（第十三条―第二十条）
第三章　男女共同参画会議（第二十一条―第二十八条）

　我が国においては、日本国憲法に個人の尊重と法の下の平等がうたわれ、男女平等の実現に向けた様々な取組が、国際社会における取組とも連動しつつ、着実に進められてきたが、なお一層の努力が必要とされている。
　一方、少子高齢化の進展、国内経済活動の成熟化等我が国の社会経済情勢の急速な変化に対応していく上で、男女が、互いにその人権を尊重しつつ責任も分かち合い、性別にかかわりなく、その個性と能力を十分に発揮することができる男女共同参画社会の実現は、緊要な課題となっている。
　このような状況にかんがみ、男女共同参画社会の実現を二十一世紀の我が国社会を決定する最重要課題と位置付け、社会のあらゆる分野において、男女共同参画社会の形成の促進に関する施策の推進を図っていくことが重要である。
　ここに、男女共同参画社会の形成についての基本理念を明らかにしてその方向を示し、将来に向かって国、地方公共団体及び国民の男女共同参画社会の形成に関する取組を総合的かつ計画的に推進するため、この法律を制定する。

第一章　総則

（目的）
第一条　この法律は、男女の人権が尊重され、かつ、社会経済情勢の変化に対応できる豊かで活力ある社会を実現することの緊要性にかんがみ、男女共同参画社会の形成に関し、基本理念を定め、並びに国、地方公共団体及び国民の責務を明らかにするとともに、男女共同参画社会の形成の促進に関する施策の基本となる事項を定めることにより、男女共同参画社会の形成を総合的かつ計画的に推進することを目的とする。
（定義）
第二条　この法律において、次の各号に掲げる用語の意義は、当該各号に定めるところによる。
　一　男女共同参画社会の形成　男女が、社会の対等な構成員として、自らの意思によって社

会のあらゆる分野における活動に参画する機会が確保され、もって男女が均等に政治的、経済的、社会的及び文化的利益を享受することができ、かつ、共に責任を担うべき社会を形成することをいう。
二　積極的改善措置　前号に規定する機会に係る男女間の格差を改善するため必要な範囲内において、男女のいずれか一方に対し、当該機会を積極的に提供することをいう。
（男女の人権の尊重）
第三条　男女共同参画社会の形成は、男女の個人としての尊厳が重んぜられること、男女が性別による差別的取扱いを受けないこと、男女が個人として能力を発揮する機会が確保されることその他の男女の人権が尊重されることを旨として、行われなければならない。
（社会における制度又は慣行についての配慮）
第四条　男女共同参画社会の形成に当たっては、社会における制度又は慣行が、性別による固定的な役割分担等を反映して、男女の社会における活動の選択に対して中立でない影響を及ぼすことにより、男女共同参画社会の形成を阻害する要因となるおそれがあることにかんがみ、社会における制度又は慣行が男女の社会における活動の選択に対して及ぼす影響をできる限り中立なものとするように配慮されなければならない。
（政策等の立案及び決定への共同参画）
第五条　男女共同参画社会の形成は、男女が、社会の対等な構成員として、国若しくは地方公共団体における政策又は民間の団体における方針の立案及び決定に共同して参画する機会が確保されることを旨として、行われなければならない。
（家庭生活における活動と他の活動の両立）
第六条　男女共同参画社会の形成は、家族を構成する男女が、相互の協力と社会の支援の下に、子の養育、家族の介護その他の家庭生活における活動について家族の一員としての役割を円滑に果たし、かつ、当該活動以外の活動を行うことができるようにすることを旨として、行われなければならない。
（国際的協調）
第七条　男女共同参画社会の形成の促進が国際社会における取組と密接な関係を有していることにかんがみ、男女共同参画社会の形成は、国際的協調の下に行われなければならない。
（国の責務）
第八条　国は、第三条から前条までに定める男女共同参画社会の形成についての基本理念（以下「基本理念」という。）にのっとり、男女共同参画社会の形成の促進に関する施策（積極的改善措置を含む。以下同じ。）を総合的に策定し、及び実施する責務を有する。
（地方公共団体の責務）
第九条　地方公共団体は、基本理念にのっとり、男女共同参画社会の形成の促進に関し、国の施策に準じた施策及びその他のその地方公共団体の区域の特性に応じた施策を策定し、及び実施する責務を有する。
（国民の責務）

第十条 国民は、職域、学校、地域、家庭その他の社会のあらゆる分野において、基本理念にのっとり、男女共同参画社会の形成に寄与するように努めなければならない。
（法制上の措置等）
第十一条 政府は、男女共同参画社会の形成の促進に関する施策を実施するため必要な法制上又は財政上の措置その他の措置を講じなければならない。
（年次報告等）
第十二条 政府は、毎年、国会に、男女共同参画社会の形成の状況及び政府が講じた男女共同参画社会の形成の促進に関する施策についての報告を提出しなければならない。
2　政府は、毎年、前項の報告に係る男女共同参画社会の形成の状況を考慮して講じようとする男女共同参画社会の形成の促進に関する施策を明らかにした文書を作成し、これを国会に提出しなければならない。

第二章　男女共同参画社会の形成の促進に関する基本的施策
（男女共同参画基本計画）
第十三条 政府は、男女共同参画社会の形成の促進に関する施策の総合的かつ計画的な推進を図るため、男女共同参画社会の形成の促進に関する基本的な計画（以下「男女共同参画基本計画」という。）を定めなければならない。
2　男女共同参画基本計画は、次に掲げる事項について定めるものとする。
　一　総合的かつ長期的に講ずべき男女共同参画社会の形成の促進に関する施策の大綱
　二　前号に掲げるもののほか、男女共同参画社会の形成の促進に関する施策を総合的かつ計画的に推進するために必要な事項
3　内閣総理大臣は、男女共同参画会議の意見を聴いて、男女共同参画基本計画の案を作成し、閣議の決定を求めなければならない。
4　内閣総理大臣は、前項の規定による閣議の決定があったときは、遅滞なく、男女共同参画基本計画を公表しなければならない。
5　前二項の規定は、男女共同参画基本計画の変更について準用する。
（都道府県男女共同参画計画等）
第十四条 都道府県は、男女共同参画基本計画を勘案して、当該都道府県の区域における男女共同参画社会の形成の促進に関する施策についての基本的な計画（以下「都道府県男女共同参画計画」という。）を定めなければならない。
2　都道府県男女共同参画計画は、次に掲げる事項について定めるものとする。
　一　都道府県の区域において総合的かつ長期的に講ずべき男女共同参画社会の形成の促進に関する施策の大綱
　二　前号に掲げるもののほか、都道府県の区域における男女共同参画社会の形成の促進に関する施策を総合的かつ計画的に推進するために必要な事項

3　市町村は、男女共同参画基本計画及び都道府県男女共同参画計画を勘案して、当該市町村の区域における男女共同参画社会の形成の促進に関する施策についての基本的な計画(以下「市町村男女共同参画計画」という。)を定めるように努めなければならない。
4　都道府県又は市町村は、都道府県男女共同参画計画又は市町村男女共同参画計画を定め、又は変更したときは、遅滞なく、これを公表しなければならない。
(施策の策定等に当たっての配慮)
第十五条　国及び地方公共団体は、男女共同参画社会の形成に影響を及ぼすと認められる施策を策定し、及び実施するに当たっては、男女共同参画社会の形成に配慮しなければならない。
(国民の理解を深めるための措置)
第十六条　国及び地方公共団体は、広報活動等を通じて、基本理念に関する国民の理解を深めるよう適切な措置を講じなければならない。
(苦情の処理等)
第十七条　国は、政府が実施する男女共同参画社会の形成の促進に関する施策又は男女共同参画社会の形成に影響を及ぼすと認められる施策についての苦情の処理のために必要な措置及び性別による差別的取扱いその他の男女共同参画社会の形成を阻害する要因によって人権が侵害された場合における被害者の救済を図るために必要な措置を講じなければならない。
(調査研究)
第十八条　国は、社会における制度又は慣行が男女共同参画社会の形成に及ぼす影響に関する調査研究その他の男女共同参画社会の形成の促進に関する施策の策定に必要な調査研究を推進するように努めるものとする。
(国際的協調のための措置)
第十九条　国は、男女共同参画社会の形成を国際的協調の下に促進するため、外国政府又は国際機関との情報の交換その他男女共同参画社会の形成に関する国際的な相互協力の円滑な推進を図るために必要な措置を講ずるように努めるものとする。
(地方公共団体及び民間の団体に対する支援)
第二十条　国は、地方公共団体が実施する男女共同参画社会の形成の促進に関する施策及び民間の団体が男女共同参画社会の形成の促進に関して行う活動を支援するため、情報の提供その他の必要な措置を講ずるように努めるものとする。

第三章　男女共同参画会議

(設置)
第二十一条　内閣府に、男女共同参画会議(以下「会議」という。)を置く。
(所掌事務)
第二十二条　会議は、次に掲げる事務をつかさどる。
　一　男女共同参画基本計画に関し、第十三条第三項に規定する事項を処理すること。

二　前号に掲げるもののほか、内閣総理大臣又は関係各大臣の諮問に応じ、男女共同参画社会の形成の促進に関する基本的な方針、基本的な政策及び重要事項を調査審議すること。
三　前二号に規定する事項に関し、調査審議し、必要があると認めるときは、内閣総理大臣及び関係各大臣に対し、意見を述べること。
四　政府が実施する男女共同参画社会の形成の促進に関する施策の実施状況を監視し、及び政府の施策が男女共同参画社会の形成に及ぼす影響を調査し、必要があると認めるときは、内閣総理大臣及び関係各大臣に対し、意見を述べること。

（組織）
第二十三条　会議は、議長及び議員二十四人以内をもって組織する。
（議長）
第二十四条　議長は、内閣官房長官をもって充てる。
2　議長は、会務を総理する。
（議員）
第二十五条　議員は、次に掲げる者をもって充てる。
一　内閣官房長官以外の国務大臣のうちから、内閣総理大臣が指定する者
二　男女共同参画社会の形成に関し優れた識見を有する者のうちから、内閣総理大臣が任命する者
2　前項第二号の議員の数は、同項に規定する議員の総数の十分の五未満であってはならない。
3　第一項第二号の議員のうち、男女のいずれか一方の議員の数は、同号に規定する議員の総数の十分の四未満であってはならない。
4　第一項第二号の議員は、非常勤とする。
（議員の任期）
第二十六条　前条第一項第二号の議員の任期は、二年とする。ただし、補欠の議員の任期は、前任者の残任期間とする。
2　前条第一項第二号の議員は、再任されることができる。
（資料提出の要求等）
第二十七条　会議は、その所掌事務を遂行するために必要があると認めるときは、関係行政機関の長に対し、監視又は調査に必要な資料その他の資料の提出、意見の開陳、説明その他必要な協力を求めることができる。
2　会議は、その所掌事務を遂行するために特に必要があると認めるときは、前項に規定する者以外の者に対しても、必要な協力を依頼することができる。
（政令への委任）
第二十八条　この章に定めるもののほか、会議の組織及び議員その他の職員その他会議に関し必要な事項は、政令で定める。

　　附　則　省略

雇用の分野における男女の均等な機会及び待遇の確保等に関する法律

(昭和四十七年七月一日法律第百十三号)
最終改正:平成二十年五月二日法律第二十六号

第一章　総則(第一条—第四条)
第二章　雇用の分野における男女の均等な機会及び待遇の確保等
　第一節　性別を理由とする差別の禁止等(第五条—第十条)
　第二節　事業主の講ずべき措置(第十一条—第十三条)
　第三節　事業主に対する国の援助(第十四条)
第三章　紛争の解決
　第一節　紛争の解決の援助(第十五条—第十七条)
　第二節　調停(第十八条—第二十七条)
第四章　雑則(第二十八条—第三十二条)
第五章　罰則(第三十三条)

第一章　総則
(目的)
第一条　この法律は、法の下の平等を保障する日本国憲法の理念にのつとり雇用の分野における男女の均等な機会及び待遇の確保を図るとともに、女性労働者の就業に関して妊娠中及び出産後の健康の確保を図る等の措置を推進することを目的とする。
(基本的理念)
第二条　この法律においては、労働者が性別により差別されることなく、また、女性労働者にあつては母性を尊重されつつ、充実した職業生活を営むことができるようにすることをその基本的理念とする。
2　事業主並びに国及び地方公共団体は、前項に規定する基本的理念に従つて、労働者の職業生活の充実が図られるように努めなければならない。
(啓発活動)
第三条　国及び地方公共団体は、雇用の分野における男女の均等な機会及び待遇の確保等について国民の関心と理解を深めるとともに、特に、雇用の分野における男女の均等な機会及び待遇の確保を妨げている諸要因の解消を図るため、必要な啓発活動を行うものとする。
(男女雇用機会均等対策基本方針)
第四条　厚生労働大臣は、雇用の分野における男女の均等な機会及び待遇の確保等に関する施策の基本となるべき方針(以下「男女雇用機会均等対策基本方針」という。)を定めるものとする。

2　男女雇用機会均等対策基本方針に定める事項は、次のとおりとする。
　一　男性労働者及び女性労働者のそれぞれの職業生活の動向に関する事項
　二　雇用の分野における男女の均等な機会及び待遇の確保等について講じようとする施策の基本となるべき事項
3　男女雇用機会均等対策基本方針は、男性労働者及び女性労働者のそれぞれの労働条件、意識及び就業の実態等を考慮して定められなければならない。
4　厚生労働大臣は、男女雇用機会均等対策基本方針を定めるに当たつては、あらかじめ、労働政策審議会の意見を聴くほか、都道府県知事の意見を求めるものとする。
5　厚生労働大臣は、男女雇用機会均等対策基本方針を定めたときは、遅滞なく、その概要を公表するものとする。
6　前二項の規定は、男女雇用機会均等対策基本方針の変更について準用する。

第二章　雇用の分野における男女の均等な機会及び待遇の確保等
第一節　性別を理由とする差別の禁止等
（性別を理由とする差別の禁止）
第五条　事業主は、労働者の募集及び採用について、その性別にかかわりなく均等な機会を与えなければならない。
第六条　事業主は、次に掲げる事項について、労働者の性別を理由として、差別的取扱いをしてはならない。
　一　労働者の配置（業務の配分及び権限の付与を含む。）、昇進、降格及び教育訓練
　二　住宅資金の貸付けその他これに準ずる福利厚生の措置であつて厚生労働省令で定めるもの
　三　労働者の職種及び雇用形態の変更
　四　退職の勧奨、定年及び解雇並びに労働契約の更新
（性別以外の事由を要件とする措置）
第七条　事業主は、募集及び採用並びに前条各号に掲げる事項に関する措置であつて労働者の性別以外の事由を要件とするもののうち、措置の要件を満たす男性及び女性の比率その他の事情を勘案して実質的に性別を理由とする差別となるおそれがある措置として厚生労働省令で定めるものについては、当該措置の対象となる業務の性質に照らして当該措置の実施が当該業務の遂行上特に必要である場合、事業の運営の状況に照らして当該措置の実施が雇用管理上特に必要である場合その他の合理的な理由がある場合でなければ、これを講じてはならない。
（女性労働者に係る措置に関する特例）
第八条　前三条の規定は、事業主が、雇用の分野における男女の均等な機会及び待遇の確保の支障となつている事情を改善することを目的として女性労働者に関して行う措置を講ずることを妨げるものではない。

（婚姻、妊娠、出産等を理由とする不利益取扱いの禁止等）
第九条　事業主は、女性労働者が婚姻し、妊娠し、又は出産したことを退職理由として予定する定めをしてはならない。
2　事業主は、女性労働者が婚姻したことを理由として、解雇してはならない。
3　事業主は、その雇用する女性労働者が妊娠したこと、出産したこと、労働基準法（昭和二十二年法律第四十九号）第六十五条第一項の規定による休業を請求し、又は同項若しくは同条第二項の規定による休業をしたことその他の妊娠又は出産に関する事由であつて厚生労働省令で定めるものを理由として、当該女性労働者に対して解雇その他不利益な取扱いをしてはならない。
4　妊娠中の女性労働者及び出産後一年を経過しない女性労働者に対してなされた解雇は、無効とする。ただし、事業主が当該解雇が前項に規定する事由を理由とする解雇でないことを証明したときは、この限りでない。
（指針）
第十条　厚生労働大臣は、第五条から第七条まで及び前条第一項から第三項までの規定に定める事項に関し、事業主が適切に対処するために必要な指針（次項において「指針」という。）を定めるものとする。
2　第四条第四項及び第五項の規定は指針の策定及び変更について準用する。この場合において、同条第四項中「聴くほか、都道府県知事の意見を求める」とあるのは、「聴く」と読み替えるものとする。

第二節　事業主の講ずべき措置
（職場における性的な言動に起因する問題に関する雇用管理上の措置）
第十一条　事業主は、職場において行われる性的な言動に対するその雇用する労働者の対応により当該労働者がその労働条件につき不利益を受け、又は当該性的な言動により当該労働者の就業環境が害されることのないよう、当該労働者からの相談に応じ、適切に対応するために必要な体制の整備その他の雇用管理上必要な措置を講じなければならない。
2　厚生労働大臣は、前項の規定に基づき事業主が講ずべき措置に関して、その適切かつ有効な実施を図るために必要な指針（次項において「指針」という。）を定めるものとする。
3　第四条第四項及び第五項の規定は、指針の策定及び変更について準用する。この場合において、同条第四項中「聴くほか、都道府県知事の意見を求める」とあるのは、「聴く」と読み替えるものとする。
（妊娠中及び出産後の健康管理に関する措置）
第十二条　事業主は、厚生労働省令で定めるところにより、その雇用する女性労働者が母子保健法（昭和四十年法律第百四十一号）の規定による保健指導又は健康診査を受けるために必要な時間を確保することができるようにしなければならない。
第十三条　事業主は、その雇用する女性労働者が前条の保健指導又は健康診査に基づく指導事項を守ることができるようにするため、勤務時間の変更、勤務の軽減等必要な措置を講じなけ

ればならない。
2　厚生労働大臣は、前項の規定に基づき事業主が講ずべき措置に関して、その適切かつ有効な実施を図るために必要な指針（次項において「指針」という。）を定めるものとする。
3　第四条第四項及び第五項の規定は、指針の策定及び変更について準用する。この場合において、同条第四項中「聴くほか、都道府県知事の意見を求める」とあるのは、「聴く」と読み替えるものとする。

第三節　事業主に対する国の援助

第十四条　国は、雇用の分野における男女の均等な機会及び待遇が確保されることを促進するため、事業主が雇用の分野における男女の均等な機会及び待遇の確保の支障となつている事情を改善することを目的とする次に掲げる措置を講じ、又は講じようとする場合には、当該事業主に対し、相談その他の援助を行うことができる。
　一　その雇用する労働者の配置その他雇用に関する状況の分析
　二　前号の分析に基づき雇用の分野における男女の均等な機会及び待遇の確保の支障となつている事情を改善するに当たつて必要となる措置に関する計画の作成
　三　前号の計画で定める措置の実施
　四　前三号の措置を実施するために必要な体制の整備
　五　前各号の措置の実施状況の開示

第三章　紛争の解決

第一節　紛争の解決の援助

（苦情の自主的解決）
第十五条　事業主は、第六条、第七条、第九条、第十二条及び第十三条第一項に定める事項（労働者の募集及び採用に係るものを除く。）に関し、労働者から苦情の申出を受けたときは、苦情処理機関（事業主を代表する者及び当該事業場の労働者を代表する者を構成員とする当該事業場の労働者の苦情を処理するための機関をいう。）に対し当該苦情の処理をゆだねる等その自主的な解決を図るように努めなければならない。
（紛争の解決の促進に関する特例）
第十六条　第五条から第七条まで、第九条、第十一条第一項、第十二条及び第十三条第一項に定める事項についての労働者と事業主との間の紛争については、個別労働関係紛争の解決の促進に関する法律（平成十三年法律第百十二号）第四条、第五条及び第十二条から第十九条までの規定は適用せず、次条から第二十七条までに定めるところによる。
（紛争の解決の援助）
第十七条　都道府県労働局長は、前条に規定する紛争に関し、当該紛争の当事者の双方又は一方からその解決につき援助を求められた場合には、当該紛争の当事者に対し、必要な助言、指導又は勧告をすることができる。

2　事業主は、労働者が前項の援助を求めたことを理由として、当該労働者に対して解雇その他不利益な取扱いをしてはならない。

第二節　調停
（調停の委任）
第十八条　都道府県労働局長は、第十六条に規定する紛争（労働者の募集及び採用についての紛争を除く。）について、当該紛争の当事者（以下「関係当事者」という。）の双方又は一方から調停の申請があつた場合において当該紛争の解決のために必要があると認めるときは、個別労働関係紛争の解決の促進に関する法律第六条第一項の紛争調整委員会（以下「委員会」という。）に調停を行わせるものとする。
2　前条第二項の規定は、労働者が前項の申請をした場合について準用する。
（調停）
第十九条　前条第一項の規定に基づく調停（以下この節において「調停」という。）は、三人の調停委員が行う。
2　調停委員は、委員会の委員のうちから、会長があらかじめ指名する。
第二十条　委員会は、調停のため必要があると認めるときは、関係当事者の出頭を求め、その意見を聴くことができる。
2　委員会は、第十一条第一項に定める事項についての労働者と事業主との間の紛争に係る調停のために必要があると認め、かつ、関係当事者の双方の同意があるときは、関係当事者のほか、当該事件に係る職場において性的な言動を行つたとされる者の出頭を求め、その意見を聴くことができる。
第二十一条　委員会は、関係当事者からの申立てに基づき必要があると認めるときは、当該委員会が置かれる都道府県労働局の管轄区域内の主要な労働者団体又は事業主団体が指名する関係労働者を代表する者又は関係事業主を代表する者から当該事件につき意見を聴くものとする。
第二十二条　委員会は、調停案を作成し、関係当事者に対しその受諾を勧告することができる。
第二十三条　委員会は、調停に係る紛争について調停による解決の見込みがないと認めるときは、調停を打ち切ることができる。
2　委員会は、前項の規定により調停を打ち切つたときは、その旨を関係当事者に通知しなければならない。
（時効の中断）
第二十四条　前条第一項の規定により調停が打ち切られた場合において、当該調停の申請をした者が同条第二項の通知を受けた日から三十日以内に調停の目的となつた請求について訴えを提起したときは、時効の中断に関しては、調停の申請の時に、訴えの提起があつたものとみなす。
（訴訟手続の中止）
第二十五条　第十八条第一項に規定する紛争のうち民事上の紛争であるものについて関係当事者間に訴訟が係属する場合において、次の各号のいずれかに掲げる事由があり、かつ、関係当

事者の共同の申立てがあるときは、受訴裁判所は、四月以内の期間を定めて訴訟手続を中止する旨の決定をすることができる。
　一　当該紛争について、関係当事者間において調停が実施されていること。
　二　前号に規定する場合のほか、関係当事者間に調停によつて当該紛争の解決を図る旨の合意があること。
２　受訴裁判所は、いつでも前項の決定を取り消すことができる。
３　第一項の申立てを却下する決定及び前項の規定により第一項の決定を取り消す決定に対しては、不服を申し立てることができない。
（資料提供の要求等）
第二十六条　委員会は、当該委員会に係属している事件の解決のために必要があると認めるときは、関係行政庁に対し、資料の提供その他必要な協力を求めることができる。
（厚生労働省令への委任）
第二十七条　この節に定めるもののほか、調停の手続に関し必要な事項は、厚生労働省令で定める。

第四章　雑則
（調査等）
第二十八条　厚生労働大臣は、男性労働者及び女性労働者のそれぞれの職業生活に関し必要な調査研究を実施するものとする。
２　厚生労働大臣は、この法律の施行に関し、関係行政機関の長に対し、資料の提供その他必要な協力を求めることができる。
３　厚生労働大臣は、この法律の施行に関し、都道府県知事から必要な調査報告を求めることができる。
（報告の徴収並びに助言、指導及び勧告）
第二十九条　厚生労働大臣は、この法律の施行に関し必要があると認めるときは、事業主に対して、報告を求め、又は助言、指導若しくは勧告をすることができる。
２　前項に定める厚生労働大臣の権限は、厚生労働省令で定めるところにより、その一部を都道府県労働局長に委任することができる。
（公表）
第三十条　厚生労働大臣は、第五条から第七条まで、第九条第一項から第三項まで、第十一条第一項、第十二条及び第十三条第一項の規定に違反している事業主に対し、前条第一項の規定による勧告をした場合において、その勧告を受けた者がこれに従わなかつたときは、その旨を公表することができる。
（船員に関する特例）
第三十一条　船員職業安定法（昭和二十三年法律第百三十号）第六条第一項に規定する船員及

び同項に規定する船員になろうとする者に関しては、第四条第一項並びに同条第四項及び第五項（同条第六項、第十条第二項、第十一条第三項及び第十三条第三項において準用する場合を含む。）、第十条第一項、第十一条第二項、第十三条第二項並びに前三条中「厚生労働大臣」とあるのは「国土交通大臣」と、第四条第四項（同条第六項、第十条第二項、第十一条第三項及び第十三条第三項において準用する場合を含む。）中「労働政策審議会」とあるのは「交通政策審議会」と、第六条第二号、第七条、第九条第三項、第十二条及び第二十九条第二項中「厚生労働省令」とあるのは「国土交通省令」と、第九条第三項中「労働基準法（昭和二十二年法律第四十九号）第六十五条第一項の規定による休業を請求し、又は同項若しくは同条第二項の規定による休業をしたこと」とあるのは「船員法（昭和二十二年法律第百号）第八十七条第一項又は第二項の規定によつて作業に従事しなかつたこと」と、第十七条第一項、第十八条第一項及び第二十九条第二項中「都道府県労働局長」とあるのは「地方運輸局長（運輸監理部長を含む。）」と、第十八条第一項中「第六条第一項の紛争調整委員会（以下「委員会」という。）」とあるのは「第二十一条第三項のあつせん員候補者名簿に記載されている者のうちから指名する調停員」とする。
2　前項の規定により読み替えられた第十八条第一項の規定により指名を受けて調停員が行う調停については、第十九条から第二十七条までの規定は、適用しない。
3　前項の調停の事務は、三人の調停員で構成する合議体で取り扱う。
4　調停員は、破産手続開始の決定を受け、又は禁錮以上の刑に処せられたときは、その地位を失う。
5　第二十条から第二十七条までの規定は、第二項の調停について準用する。この場合において、第二十条から第二十三条まで及び第二十六条中「委員会は」とあるのは「調停員は」と、第二十一条中「当該委員会が置かれる都道府県労働局」とあるのは「当該調停員を指名した地方運輸局長（運輸監理部長を含む。）が置かれる地方運輸局（運輸監理部を含む。）」と、第二十六条中「当該委員会に係属している」とあるのは「当該調停員が取り扱つている」と、第二十七条中「この節」とあるのは「第三十一条第三項から第五項まで」と、「調停」とあるのは「合議体及び調停」と、「厚生労働省令」とあるのは「国土交通省令」と読み替えるものとする。
（適用除外）
第三十二条　第二章第一節及び第三節、前章、第二十九条並びに第三十条の規定は、国家公務員及び地方公務員に、第二章第二節の規定は、一般職の国家公務員（特定独立行政法人等の労働関係に関する法律（昭和二十三年法律第二百五十七号）第二条第四号の職員を除く。）、裁判所職員臨時措置法（昭和二十六年法律第二百九十九号）の適用を受ける裁判所職員、国会職員法（昭和二十二年法律第八十五号）の適用を受ける国会職員及び自衛隊法（昭和二十九年法律第百六十五号）第二条第五項に規定する隊員に関しては適用しない。

第五章　罰則

第三十三条 第二十九条第一項の規定による報告をせず、又は虚偽の報告をした者は、二十万円以下の過料に処する。

附則　省略

配偶者からの暴力の防止及び被害者の保護に関する法律

(平成十三年四月十三日法律第三十一号)
最終改正:平成十九年七月十一日法律第百十三号

第一章　総則(第一条・第二条)
第一章の二　基本方針及び都道府県基本計画等(第二条の二・第二条の三)
第二章　配偶者暴力相談支援センター等(第三条—第五条)
第三章　被害者の保護(第六条—第九条の二)
第四章　保護命令(第十条—第二十二条)
第五章　雑則(第二十三条—第二十八条)
第六章　罰則(第二十九条・第三十条)

　我が国においては、日本国憲法に個人の尊重と法の下の平等がうたわれ、人権の擁護と男女平等の実現に向けた取組が行われている。
　ところが、配偶者からの暴力は、犯罪となる行為をも含む重大な人権侵害であるにもかかわらず、被害者の救済が必ずしも十分に行われてこなかった。また、配偶者からの暴力の被害者は、多くの場合女性であり、経済的自立が困難である女性に対して配偶者が暴力を加えることは、個人の尊厳を害し、男女平等の実現の妨げとなっている。
　このような状況を改善し、人権の擁護と男女平等の実現を図るためには、配偶者からの暴力を防止し、被害者を保護するための施策を講ずることが必要である。このことは、女性に対する暴力を根絶しようと努めている国際社会における取組にも沿うものである。
　ここに、配偶者からの暴力に係る通報、相談、保護、自立支援等の体制を整備することにより、配偶者からの暴力の防止及び被害者の保護を図るため、この法律を制定する。

第一章　総則
(定義)
第一条　この法律において「配偶者からの暴力」とは、配偶者からの身体に対する暴力(身体に対する不法な攻撃であって生命又は身体に危害を及ぼすものをいう。以下同じ。)又はこれに準ずる心身に有害な影響を及ぼす言動(以下この項において「身体に対する暴力等」と総称する。)をいい、配偶者からの身体に対する暴力等を受けた後に、その者が離婚をし、又はその婚姻が取り消された場合にあっては、当該配偶者であった者から引き続き受ける身体に対する暴力等を含むものとする。

2　この法律において「被害者」とは、配偶者からの暴力を受けた者をいう。
3　この法律にいう「配偶者」には、婚姻の届出をしていないが事実上婚姻関係と同様の事情にある者を含み、「離婚」には、婚姻の届出をしていないが事実上婚姻関係と同様の事情にあった者が、事実上離婚したと同様の事情に入ることを含むものとする。
（国及び地方公共団体の責務）
第二条　国及び地方公共団体は、配偶者からの暴力を防止するとともに、被害者の自立を支援することを含め、その適切な保護を図る責務を有する。

第一章の二　基本方針及び都道府県基本計画等
（基本方針）
第二条の二　内閣総理大臣、国家公安委員会、法務大臣及び厚生労働大臣（以下この条及び次条第五項において「主務大臣」という。）は、配偶者からの暴力の防止及び被害者の保護のための施策に関する基本的な方針（以下この条並びに次条第一項及び第三項において「基本方針」という。）を定めなければならない。
2　基本方針においては、次に掲げる事項につき、次条第一項の都道府県基本計画及び同条第三項の市町村基本計画の指針となるべきものを定めるものとする。
　一　配偶者からの暴力の防止及び被害者の保護に関する基本的な事項
　二　配偶者からの暴力の防止及び被害者の保護のための施策の内容に関する事項
　三　その他配偶者からの暴力の防止及び被害者の保護のための施策の実施に関する重要事項
3　主務大臣は、基本方針を定め、又はこれを変更しようとするときは、あらかじめ、関係行政機関の長に協議しなければならない。
4　主務大臣は、基本方針を定め、又はこれを変更したときは、遅滞なく、これを公表しなければならない。
（都道府県基本計画等）
第二条の三　都道府県は、基本方針に即して、当該都道府県における配偶者からの暴力の防止及び被害者の保護のための施策の実施に関する基本的な計画（以下この条において「都道府県基本計画」という。）を定めなければならない。
2　都道府県基本計画においては、次に掲げる事項を定めるものとする。
　一　配偶者からの暴力の防止及び被害者の保護に関する基本的な方針
　二　配偶者からの暴力の防止及び被害者の保護のための施策の実施内容に関する事項
　三　その他配偶者からの暴力の防止及び被害者の保護のための施策の実施に関する重要事項
3　市町村（特別区を含む。以下同じ。）は、基本方針に即し、かつ、都道府県基本計画を勘案して、当該市町村における配偶者からの暴力の防止及び被害者の保護のための施策の実施に関する基本的な計画（以下この条において「市町村基本計画」という。）を定めるよう努めなければならない。

4　都道府県又は市町村は、都道府県基本計画又は市町村基本計画を定め、又は変更したときは、遅滞なく、これを公表しなければならない。
5　主務大臣は、都道府県又は市町村に対し、都道府県基本計画又は市町村基本計画の作成のために必要な助言その他の援助を行うよう努めなければならない。

第二章　配偶者暴力相談支援センター等
（配偶者暴力相談支援センター）
第三条　都道府県は、当該都道府県が設置する婦人相談所その他の適切な施設において、当該各施設が配偶者暴力相談支援センターとしての機能を果たすようにするものとする。
2　市町村は、当該市町村が設置する適切な施設において、当該各施設が配偶者暴力相談支援センターとしての機能を果たすようにするよう努めるものとする。
3　配偶者暴力相談支援センターは、配偶者からの暴力の防止及び被害者の保護のため、次に掲げる業務を行うものとする。
　一　被害者に関する各般の問題について、相談に応ずること又は婦人相談員若しくは相談を行う機関を紹介すること。
　二　被害者の心身の健康を回復させるため、医学的又は心理学的な指導その他の必要な指導を行うこと。
　三　被害者（被害者がその家族を同伴する場合にあっては、被害者及びその同伴する家族。次号、第六号、第五条及び第八条の三において同じ。）の緊急時における安全の確保及び一時保護を行うこと。
　四　被害者が自立して生活することを促進するため、就業の促進、住宅の確保、援護等に関する制度の利用等について、情報の提供、助言、関係機関との連絡調整その他の援助を行うこと。
　五　第四章に定める保護命令の制度の利用について、情報の提供、助言、関係機関への連絡その他の援助を行うこと。
　六　被害者を居住させ保護する施設の利用について、情報の提供、助言、関係機関との連絡調整その他の援助を行うこと。
4　前項第三号の一時保護は、婦人相談所が、自ら行い、又は厚生労働大臣が定める基準を満たす者に委託して行うものとする。
5　配偶者暴力相談支援センターは、その業務を行うに当たっては、必要に応じ、配偶者からの暴力の防止及び被害者の保護を図るための活動を行う民間の団体との連携に努めるものとする。
（婦人相談員による相談等）
第四条　婦人相談員は、被害者の相談に応じ、必要な指導を行うことができる。
（婦人保護施設における保護）

第五条　都道府県は、婦人保護施設において被害者の保護を行うことができる。

第三章　被害者の保護
（配偶者からの暴力の発見者による通報等）
第六条　配偶者からの暴力（配偶者又は配偶者であった者からの身体に対する暴力に限る。以下この章において同じ。）を受けている者を発見した者は、その旨を配偶者暴力相談支援センター又は警察官に通報するよう努めなければならない。
2　医師その他の医療関係者は、その業務を行うに当たり、配偶者からの暴力によって負傷し又は疾病にかかったと認められる者を発見したときは、その旨を配偶者暴力相談支援センター又は警察官に通報することができる。この場合において、その者の意思を尊重するよう努めるものとする。
3　刑法（明治四十年法律第四十五号）の秘密漏示罪の規定その他の守秘義務に関する法律の規定は、前二項の規定により通報することを妨げるものと解釈してはならない。
4　医師その他の医療関係者は、その業務を行うに当たり、配偶者からの暴力によって負傷し又は疾病にかかったと認められる者を発見したときは、その者に対し、配偶者暴力相談支援センター等の利用について、その有する情報を提供するよう努めなければならない。
（配偶者暴力相談支援センターによる保護についての説明等）
第七条　配偶者暴力相談支援センターは、被害者に関する通報又は相談を受けた場合には、必要に応じ、被害者に対し、第三条第三項の規定により配偶者暴力相談支援センターが行う業務の内容について説明及び助言を行うとともに、必要な保護を受けることを勧奨するものとする。
（警察官による被害の防止）
第八条　警察官は、通報等により配偶者からの暴力が行われていると認めるときは、警察法（昭和二十九年法律第百六十二号）、警察官職務執行法（昭和二十三年法律第百三十六号）その他の法令の定めるところにより、暴力の制止、被害者の保護その他の配偶者からの暴力による被害の発生を防止するために必要な措置を講ずるよう努めなければならない。
（警察本部長等の援助）
第八条の二　警視総監若しくは道府県警察本部長（道警察本部の所在地を包括する方面を除く方面については、方面本部長。第十五条第三項において同じ。）又は警察署長は、配偶者からの暴力を受けている者から、配偶者からの暴力による被害を自ら防止するための援助を受けたい旨の申出があり、その申出を相当と認めるときは、当該配偶者からの暴力を受けている者に対し、国家公安委員会規則で定めるところにより、当該被害を自ら防止するための措置の教示その他配偶者からの暴力による被害の発生を防止するために必要な援助を行うものとする。
（福祉事務所による自立支援）
第八条の三　社会福祉法（昭和二十六年法律第四十五号）に定める福祉に関する事務所（次条において「福祉事務所」という。）は、生活保護法（昭和二十五年法律第百四十四号）、児童福

祉法（昭和二十二年法律第百六十四号）、母子及び寡婦福祉法（昭和三十九年法律第百二十九号）その他の法令の定めるところにより、被害者の自立を支援するために必要な措置を講ずるよう努めなければならない。
（被害者の保護のための関係機関の連携協力）
第九条 配偶者暴力相談支援センター、都道府県警察、福祉事務所等都道府県又は市町村の関係機関その他の関係機関は、被害者の保護を行うに当たっては、その適切な保護が行われるよう、相互に連携を図りながら協力するよう努めるものとする。
（苦情の適切かつ迅速な処理）
第九条の二 前条の関係機関は、被害者の保護に係る職員の職務の執行に関して被害者から苦情の申出を受けたときは、適切かつ迅速にこれを処理するよう努めるものとする。

第四章 保護命令
（保護命令）
第十条 被害者（配偶者からの身体に対する暴力又は生命等に対する脅迫（被害者の生命又は身体に対し害を加える旨を告知してする脅迫をいう。以下この章において同じ。）を受けた者に限る。以下この章において同じ。）が、配偶者からの身体に対する暴力を受けた者である場合にあっては配偶者からの更なる身体に対する暴力（配偶者からの身体に対する暴力を受けた後に、被害者が離婚をし、又はその婚姻が取り消された場合にあっては、当該配偶者であった者から引き続き受ける身体に対する暴力。第十二条第一項第二号において同じ。）により、配偶者からの生命等に対する脅迫を受けた者である場合にあっては配偶者から受ける身体に対する暴力（配偶者からの生命等に対する脅迫を受けた後に、被害者が離婚をし、又はその婚姻が取り消された場合にあっては、当該配偶者であった者から引き続き受ける身体に対する暴力。同号において同じ。）により、その生命又は身体に重大な危害を受けるおそれが大きいときは、裁判所は、被害者の申立てにより、その生命又は身体に危害が加えられることを防止するため、当該配偶者（配偶者からの身体に対する暴力又は生命等に対する脅迫を受けた後に、被害者が離婚をし、又はその婚姻が取り消された場合にあっては、当該配偶者であった者。以下この条、同項第三号及び第四号並びに第十八条第一項において同じ。）に対し、次の各号に掲げる事項を命ずるものとする。ただし、第二号に掲げる事項については、申立ての時において被害者及び当該配偶者が生活の本拠を共にする場合に限る。
　一　命令の効力が生じた日から起算して六月間、被害者の住居（当該配偶者と共に生活の本拠としている住居を除く。以下この号において同じ。）その他の場所において被害者の身辺につきまとい、又は被害者の住居、勤務先その他その通常所在する場所の付近をはいかいしてはならないこと。
　二　命令の効力が生じた日から起算して二月間、被害者と共に生活の本拠としている住居から退去すること及び当該住居の付近をはいかいしてはならないこと。

2　前項本文に規定する場合において、同項第一号の規定による命令を発する裁判所又は発した裁判所は、被害者の申立てにより、その生命又は身体に危害が加えられることを防止するため、当該配偶者に対し、命令の効力が生じた日以後、同号の規定による命令の効力が生じた日から起算して六月を経過する日までの間、被害者に対して次の各号に掲げるいずれの行為もしてはならないことを命ずるものとする。
　一　面会を要求すること。
　二　その行動を監視していると思わせるような事項を告げ、又はその知り得る状態に置くこと。
　三　著しく粗野又は乱暴な言動をすること。
　四　電話をかけて何も告げず、又は緊急やむを得ない場合を除き、連続して、電話をかけ、ファクシミリ装置を用いて送信し、若しくは電子メールを送信すること。
　五　緊急やむを得ない場合を除き、午後十時から午前六時までの間に、電話をかけ、ファクシミリ装置を用いて送信し、又は電子メールを送信すること。
　六　汚物、動物の死体その他の著しく不快又は嫌悪の情を催させるような物を送付し、又はその知り得る状態に置くこと。
　七　その名誉を害する事項を告げ、又はその知り得る状態に置くこと。
　八　その性的羞恥心を害する事項を告げ、若しくはその知り得る状態に置き、又はその性的羞恥心を害する文書、図画その他の物を送付し、若しくはその知り得る状態に置くこと。
3　第一項本文に規定する場合において、被害者がその成年に達しない子（以下この項及び次項並びに第十二条第一項第三号において単に「子」という。）と同居しているときであって、配偶者が幼年の子を連れ戻すと疑うに足りる言動を行っていることその他の事情があることから被害者がその同居している子に関して配偶者と面会することを余儀なくされることを防止するため必要があると認めるときは、第一項第一号の規定による命令を発する裁判所又は発した裁判所は、被害者の申立てにより、その生命又は身体に危害が加えられることを防止するため、当該配偶者に対し、命令の効力が生じた日以後、同号の規定による命令の効力が生じた日から起算して六月を経過する日までの間、当該子の住居（当該配偶者と共に生活の本拠としている住居を除く。以下この項において同じ。）、就学する学校その他の場所において当該子の身辺につきまとい、又は当該子の住居、就学する学校その他その通常所在する場所の付近をはいかいしてはならないことを命ずるものとする。ただし、当該子が十五歳以上であるときは、その同意がある場合に限る。
4　第一項本文に規定する場合において、配偶者が被害者の親族その他被害者と社会生活において密接な関係を有する者（被害者と同居している子及び配偶者と同居している者を除く。以下この項及び次項並びに第十二条第一項第四号において「親族等」という。）の住居に押し掛けて著しく粗野又は乱暴な言動を行っていることその他の事情があることから被害者がその親族等に関して配偶者と面会することを余儀なくされることを防止するため必要があると認めるときは、第一項第一号の規定による命令を発する裁判所又は発した裁判所は、被害者の申立て

により、その生命又は身体に危害が加えられることを防止するため、当該配偶者に対し、命令の効力が生じた日以後、同号の規定による命令の効力が生じた日から起算して六月を経過する日までの間、当該親族等の住居（当該配偶者と共に生活の本拠としている住居を除く。以下この項において同じ。）その他の場所において当該親族等の身辺につきまとい、又は当該親族等の住居、勤務先その他その通常所在する場所の付近をはいかいしてはならないことを命ずるものとする。
5　前項の申立ては、当該親族等（被害者の十五歳未満の子を除く。以下この項において同じ。）の同意（当該親族等が十五歳未満の者又は成年被後見人である場合にあっては、その法定代理人の同意）がある場合に限り、することができる。
（管轄裁判所）
第十一条　前条第一項の規定による命令の申立てに係る事件は、相手方の住所（日本国内に住所がないとき又は住所が知れないときは居所）の所在地を管轄する地方裁判所の管轄に属する。
2　前条第一項の規定による命令の申立ては、次の各号に掲げる地を管轄する地方裁判所にもすることができる。
　一　申立人の住所又は居所の所在地
　二　当該申立てに係る配偶者からの身体に対する暴力又は生命等に対する脅迫が行われた地
（保護命令の申立て）
第十二条　第十条第一項から第四項までの規定による命令（以下「保護命令」という。）の申立ては、次に掲げる事項を記載した書面でしなければならない。
　一　配偶者からの身体に対する暴力又は生命等に対する脅迫を受けた状況
　二　配偶者からの更なる身体に対する暴力又は配偶者からの生命等に対する脅迫を受けた後の配偶者から受ける身体に対する暴力により、生命又は身体に重大な危害を受けるおそれが大きいと認めるに足りる申立ての時における事情
　三　第十条第三項の規定による命令の申立てをする場合にあっては、被害者が当該同居している子に関して配偶者と面会することを余儀なくされることを防止するため当該命令を発する必要があると認めるに足りる申立ての時における事情
　四　第十条第四項の規定による命令の申立てをする場合にあっては、被害者が当該親族等に関して配偶者と面会することを余儀なくされることを防止するため当該命令を発する必要があると認めるに足りる申立ての時における事情
　五　配偶者暴力相談支援センターの職員又は警察職員に対し、前各号に掲げる事項について相談し、又は援助若しくは保護を求めた事実の有無及びその事実があるときは、次に掲げる事項
　　イ　当該配偶者暴力相談支援センター又は当該警察職員の所属官署の名称
　　ロ　相談し、又は援助若しくは保護を求めた日時及び場所
　　ハ　相談又は求めた援助若しくは保護の内容
　　ニ　相談又は申立人の求めに対して執られた措置の内容

2　前項の書面（以下「申立書」という。）に同項第五号イからニまでに掲げる事項の記載がない場合には、申立書には、同項第一号から第四号までに掲げる事項についての申立人の供述を記載した書面で公証人法（明治四十一年法律第五十三号）第五十八条ノ二第一項の認証を受けたものを添付しなければならない。
（迅速な裁判）
第十三条　裁判所は、保護命令の申立てに係る事件については、速やかに裁判をするものとする。
（保護命令事件の審理の方法）
第十四条　保護命令は、口頭弁論又は相手方が立ち会うことができる審尋の期日を経なければ、これを発することができない。ただし、その期日を経ることにより保護命令の申立ての目的を達することができない事情があるときは、この限りでない。
2　申立書に第十二条第一項第五号イからニまでに掲げる事項の記載がある場合には、裁判所は、当該配偶者暴力相談支援センター又は当該所属官署の長に対し、申立人が相談し又は援助若しくは保護を求めた際の状況及びこれに対して執られた措置の内容を記載した書面の提出を求めるものとする。この場合において、当該配偶者暴力相談支援センター又は当該所属官署の長は、これに速やかに応ずるものとする。
3　裁判所は、必要があると認める場合には、前項の配偶者暴力相談支援センター若しくは所属官署の長又は申立人から相談を受け、若しくは援助若しくは保護を求められた職員に対し、同項の規定により書面の提出を求めた事項に関して更に説明を求めることができる。
（保護命令の申立てについての決定等）
第十五条　保護命令の申立てについての決定には、理由を付さなければならない。ただし、口頭弁論を経ないで決定をする場合には、理由の要旨を示せば足りる。
2　保護命令は、相手方に対する決定書の送達又は相手方が出頭した口頭弁論若しくは審尋の期日における言渡しによって、その効力を生ずる。
3　保護命令を発したときは、裁判所書記官は、速やかにその旨及びその内容を申立人の住所又は居所を管轄する警視総監又は道府県警察本部長に通知するものとする。
4　保護命令を発した場合において、申立人が配偶者暴力相談支援センターの職員に対し相談し、又は援助若しくは保護を求めた事実があり、かつ、申立書に当該事実に係る第十二条第一項第五号イからニまでに掲げる事項の記載があるときは、裁判所書記官は、速やかに、保護命令を発した旨及びその内容を、当該申立書に名称が記載された配偶者暴力相談支援センター（当該申立書に名称が記載された配偶者暴力相談支援センターが二以上ある場合にあっては、申立人がその職員に対し相談し、又は援助若しくは保護を求めた日時が最も遅い配偶者暴力相談支援センター）の長に通知するものとする。
5　保護命令は、執行力を有しない。
（即時抗告）
第十六条　保護命令の申立てについての裁判に対しては、即時抗告をすることができる。
2　前項の即時抗告は、保護命令の効力に影響を及ぼさない。

3　即時抗告があった場合において、保護命令の取消しの原因となることが明らかな事情があることにつき疎明があったときに限り、抗告裁判所は、申立てにより、即時抗告についての裁判が効力を生ずるまでの間、保護命令の効力の停止を命ずることができる。事件の記録が原裁判所に存する間は、原裁判所も、この処分を命ずることができる。
4　前項の規定により第十条第一項第一号の規定による命令の効力の停止を命ずる場合において、同条第二項から第四項までの規定による命令が発せられているときは、裁判所は、当該命令の効力の停止をも命じなければならない。
5　前二項の規定による裁判に対しては、不服を申し立てることができない。
6　抗告裁判所が第十条第一項第一号の規定による命令を取り消す場合において、同条第二項から第四項までの規定による命令が発せられているときは、抗告裁判所は、当該命令をも取り消さなければならない。
7　前条第四項の規定による通知がされている保護命令について、第三項若しくは第四項の規定によりその効力の停止を命じたとき又は抗告裁判所がこれを取り消したときは、裁判所書記官は、速やかに、その旨及びその内容を当該通知をした配偶者暴力相談支援センターの長に通知するものとする。
8　前条第三項の規定は、第三項及び第四項の場合並びに抗告裁判所が保護命令を取り消した場合について準用する。
（保護命令の取消し）
第十七条　保護命令を発した裁判所は、当該保護命令の申立てをした者の申立てがあった場合には、当該保護命令を取り消さなければならない。第十条第一項第一号又は第二項から第四項までの規定による命令にあっては同号の規定による命令が効力を生じた日から起算して三月を経過した後において、同条第一項第二号の規定による命令にあっては当該命令が効力を生じた日から起算して二週間を経過した後において、これらの命令を受けた者が申し立て、当該裁判所がこれらの命令の申立てをした者に異議がないことを確認したときも、同様とする。
2　前条第六項の規定は、第十条第一項第一号の規定による命令を発した裁判所が前項の規定により当該命令を取り消す場合について準用する。
3　第十五条第三項及び前条第七項の規定は、前二項の場合について準用する。
（第十条第一項第二号の規定による命令の再度の申立て）
第十八条　第十条第一項第二号の規定による命令が発せられた後に当該発せられた命令の申立ての理由となった身体に対する暴力又は生命等に対する脅迫と同一の事実を理由とする同号の規定による命令の再度の申立てがあったときは、裁判所は、配偶者と共に生活の本拠としている住居から転居しようとする被害者がその責めに帰することのできない事由により当該発せられた命令の効力が生ずる日から起算して二月を経過する日までに当該住居からの転居を完了することができないことその他の同号の規定による命令を再度発する必要があると認めるべき事情があるときに限り、当該命令を発するものとする。ただし、当該命令を発することにより当該配偶者の生活に特に著しい支障を生ずると認めるときは、当該命令を発しないことができる。

2　前項の申立てをする場合における第十二条の規定の適用については、同条第一項各号列記以外の部分中「次に掲げる事項」とあるのは「第一号、第二号及び第五号に掲げる事項並びに第十八条第一項本文の事情」と、同項第五号中「前各号に掲げる事項」とあるのは「第一号及び第二号に掲げる事項並びに第十八条第一項本文の事情」と、同条第二項中「同項第一号から第四号までに掲げる事項」とあるのは「同項第一号及び第二号に掲げる事項並びに第十八条第一項本文の事情」とする。
（事件の記録の閲覧等）
第十九条　保護命令に関する手続について、当事者は、裁判所書記官に対し、事件の記録の閲覧若しくは謄写、その正本、謄本若しくは抄本の交付又は事件に関する事項の証明書の交付を請求することができる。ただし、相手方にあっては、保護命令の申立てに関し口頭弁論若しくは相手方を呼び出す審尋の期日の指定があり、又は相手方に対する保護命令の送達があるまでの間は、この限りでない。
（法務事務官による宣誓認証）
第二十条　法務局若しくは地方法務局又はその支局の管轄区域内に公証人がいない場合又は公証人がその職務を行うことができない場合には、法務大臣は、当該法務局若しくは地方法務局又はその支局に勤務する法務事務官に第十二条第二項（第十八条第二項の規定により読み替えて適用する場合を含む。）の認証を行わせることができる。
（民事訴訟法の準用）
第二十一条　この法律に特別の定めがある場合を除き、保護命令に関する手続に関しては、その性質に反しない限り、民事訴訟法（平成八年法律第百九号）の規定を準用する。
（最高裁判所規則）
第二十二条　この法律に定めるもののほか、保護命令に関する手続に関し必要な事項は、最高裁判所規則で定める。

第五章　雑則
（職務関係者による配慮等）
第二十三条　配偶者からの暴力に係る被害者の保護、捜査、裁判等に職務上関係のある者（次項において「職務関係者」という。）は、その職務を行うに当たり、被害者の心身の状況、その置かれている環境等を踏まえ、被害者の国籍、障害の有無等を問わずその人権を尊重するとともに、その安全の確保及び秘密の保持に十分な配慮をしなければならない。
2　国及び地方公共団体は、職務関係者に対し、被害者の人権、配偶者からの暴力の特性等に関する理解を深めるために必要な研修及び啓発を行うものとする。
（教育及び啓発）
第二十四条　国及び地方公共団体は、配偶者からの暴力の防止に関する国民の理解を深めるための教育及び啓発に努めるものとする。

（調査研究の推進等）
第二十五条　国及び地方公共団体は、配偶者からの暴力の防止及び被害者の保護に資するため、加害者の更生のための指導の方法、被害者の心身の健康を回復させるための方法等に関する調査研究の推進並びに被害者の保護に係る人材の養成及び資質の向上に努めるものとする。
（民間の団体に対する援助）
第二十六条　国及び地方公共団体は、配偶者からの暴力の防止及び被害者の保護を図るための活動を行う民間の団体に対し、必要な援助を行うよう努めるものとする。
（都道府県及び市の支弁）
第二十七条　都道府県は、次の各号に掲げる費用を支弁しなければならない。
　一　第三条第三項の規定に基づき同項に掲げる業務を行う婦人相談所の運営に要する費用（次号に掲げる費用を除く。）
　二　第三条第三項第三号の規定に基づき婦人相談所が行う一時保護（同条第四項に規定する厚生労働大臣が定める基準を満たす者に委託して行う場合を含む。）に要する費用
　三　第四条の規定に基づき都道府県知事の委嘱する婦人相談員が行う業務に要する費用
　四　第五条の規定に基づき都道府県が行う保護（市町村、社会福祉法人その他適当と認める者に委託して行う場合を含む。）及びこれに伴い必要な事務に要する費用
2　市は、第四条の規定に基づきその長の委嘱する婦人相談員が行う業務に要する費用を支弁しなければならない。
（国の負担及び補助）
第二十八条　国は、政令の定めるところにより、都道府県が前条第一項の規定により支弁した費用のうち、同項第一号及び第二号に掲げるものについては、その十分の五を負担するものとする。
2　国は、予算の範囲内において、次の各号に掲げる費用の十分の五以内を補助することができる。
　一　都道府県が前条第一項の規定により支弁した費用のうち、同項第三号及び第四号に掲げるもの
　二　市が前条第二項の規定により支弁した費用

第六章　罰則
第二十九条　保護命令に違反した者は、一年以下の懲役又は百万円以下の罰金に処する。
第三十条　第十二条第一項（第十八条第二項の規定により読み替えて適用する場合を含む。）の規定により記載すべき事項について虚偽の記載のある申立書により保護命令の申立てをした者は、十万円以下の過料に処する。

附則　省略

索　引

あ行

新しい公共　171
アファーマティブ・アクション　60
アンペイド・ワーク　71
育児・介護休業法　57、165、167、168
育児休業取得者割合　166
育児休業制度　164～166、170
イクメン　167
市川房枝　91、104
ウーマン・リブ　8、9
エンパワーメント　10、35、99、153
男は仕事、女は家庭　5、39、155

か行

介護休業取得者割合　170
介護休業制度　164、165、169、170
学習到達度調査（PISA）　25
かくれたカリキュラム　31、34
家族従業者　42
家庭科必修　56
家庭内暴力（ドメスティック・バイオレンス）　4、127、137～139、140、144、150～152
ガラスのエスカレーター　78～80、83
ガラスの天井　71
過労死　62、63
間接差別　61、123
完全失業者　39、40、41
完全失業率　41、42、53
機会均等調停委員会　57、59
機会の平等　2、23、36
疑似パート　50
義務規定　14
教育基本法　23、26
クオータ制　60、102、103、168
楠瀬喜多　90

区民との対話集会　15
クローン人間　120
経済協力開発機構　→ OECD
結果の平等　2、23
顕微授精　116～118
高度経済成長期　39、112、155
コース別雇用管理制度　64～66
国際女性年　5、8～10、40、72
国際人口・開発会議　107、109、110、114
国際労働機関　→ ILO
国籍法　56
国内行動計画　1、4、10、12
（国民年金）第３号被保険者　4、13、52
国連女性の10年　9、55
子育てサポート企業　173
婚姻適齢　126
婚外子　→ 非嫡出子
婚内子　→ 嫡出子

さ行

再婚禁止期間　126、127
在宅勤務制度（テレワーク）　174
参政権　8、89～91、93
シェルター　140、143
ジェンダー　11、27、33、74、75、80～83、110、138、145
　――・ギャップ指数　99、100
　――構造　73～75、79、81、82
　――体制　74、75、78、79、81～84
　――・ニュートラル　74、75、82、83
　――・バイアス　112、128
　――の視点　11、58
　――不平等指数　99、100
仕事と生活の調和（ワーク・ライフ・バランス）　5、11、63、171～175

203

――憲章　171
事実婚　117、129、130、134、139、140
次世代育成支援対策推進法　172
社会保障制度　51～53
シャドウ・ワーク　71
集会及び政社法　2、90、91
住民参加　105
ナイロビ将来戦略　9、10
女性2000年会議　10、139
女性管理職　12、29、31、45、66、67、73、79
女性教員　29、30
女性候補者　94、95、104
女性差別撤廃委員会　56
女性差別撤廃条約　55、56、130
女性知事　98
女性に対する暴力　137～139
女性の地位委員会　10
女性保護規定　61、62、69
人権尊重　110
人工授精　116～118
人工妊娠中絶　112～116
新国内行動計画　1、2、10
新婦人協会　91
ストーカー規制法　150
生活時間調査　162
成果文書　10、139
性別職域分離　71、73、82、84
世界保健機関 → WHO
世界女性会議　9、10、55、138
世界人口会議　108～110、120
セクシュアル・ハラスメント　60、61
積極的改善措置（ポジティブ・アクション）　5、12、60、68
総合職　61、64～66

た行
第一波フェミニズム　8
体外受精　116、117～120
第3次男女共同参画基本計画　11、25、30、35、52、95、137、167
第二波フェミニズム　8、137
代理母　118～120
堕胎罪　112
短時間勤務制度　165、168、169、172、174
短時間雇用者　49、50
男女共同　1、2
男女共同参画　2、3、5～7、10～13、15、19～20、23、25、29～32、35、39、52、71、73、84、89、123、155、171、172、175
――2000年ビジョン　10
――2000年プラン　10
――基本計画　3、6、11、12、16
※「第3次男女共同参画基本計画」は別項
――社会　1、3～7、13～15、20、23、69、89、107、123、134、137、155、167、174、175
――社会基本法　1、3、5、6、11、12、14、89、107、155
――推進本部　93
男女雇用機会均等法　55～61、63～65、69、71、76
男女混合名簿　33、34
男女平等　1～3、5～7、9、14、16～19、23、31、33～35、55、68、69、72、79、91、103、105、123、125
――参画都市宣言　18
男性の家事　156、158、162、164
男尊女卑　7
治安警察法　2、91

嫡出子（婚内子）　129、133、134
嫡出推定　126、127
賃金格差　44、45、50
ディーセント・ワーク　171
デートDV　148、151
テレワーク　→　在宅勤務制度
トークン　78、80、81
特定不妊治療費助成　118
ドメスティック・バイオレンス　→　家庭内暴力

な・は行

人間開発指数　99、100
ハーグ議員フォーラム　110、115
ハーグ条約　132
パート労働者（パートタイマー）　13、50、51、52、53、169
パート労働法　50、51、53
配偶者出産制度　168
配偶者暴力相談支援センター　139、140、142、
派遣労働者　47、48
パパクオータ制　168
パブリック・コメント　11、105
パリテ法　103
非正規雇用　47、49
非正規職員　45、48、53
非嫡出子（婚外子）　129、133、134
ピル　114～116
非労働力人口　40～42、52
ファミリー・フレンドリー　172
夫婦別姓　13、128～130
婦人会館　15、18
婦選運動　91
不妊治療　116、118
父母両系血統主義　56
ベビーM事件　119
保護命令の申し立て　145

ポジティブ・アクション　→　積極的改善措置
母体保護法　112
ポリティカル・リテラシー　106

ま・や・ら・わ行

民権運動　89、90
民法改正　13、124、125、129、134
── 要綱案　125、126、129、132
優生保護法　112、114
有責主義　131
離婚　123、125～129、131、132、134、140、143
リプロダクティブ・ヘルス　109、111
リプロダクティブ・ヘルス／ライツ　107、110、111、120
リプロダクティブ・ライツ　109、111
労働基準法　51、56、61、62、72、73、164
労働者派遣法　48
労働力人口　39～41、47
労働力調査　39、41、42、46、47、49
労働力率　40、45～47、52、53、99
ワーキングネーム　129
ワーク・ライフ・バランス　→　仕事と生活の調和

ローマ字

DV防止法（配偶者からの暴力の防止及び被害者の保護に関する法律）　139、141、145、148
ILO（国際労働機構）　45
M字型（労働）　45、53
OECD（経済協力開発機構）　25
PACS法　133
PISA　→　学習到達度調査
WHO（世界保健機関）　111、116
WIN WIN　104

著者紹介 藤原 千賀（ふじわら ちか）

東京大学教育学部卒業。東京都職員を経て、10年間専業主婦。
お茶の水女子大学大学院家政学研究科修士課程修了。
早稲田大学大学院教育学研究科博士後期課程満期退学。
現在、武蔵野大学政治経済学部政治経済学科教授。
専門はジェンダー、女性政策、社会教育。
著書：『女性と労働』（武蔵野大学通信教育部教科書、書名を『ワーキング・ウーマンの現状』として角川学芸出版より出版）2003年。『事例にみる女性の市民活動と生活』弘学出版、1998年。『理科離れしているのは誰か』（分担執筆）日本評論社、2004年。『女性の理系能力を生かす』（分担執筆）日本評論社、1996年。『エンパワーメントの女性学』（分担執筆）有斐閣、1995年。

男女共同参画社会と市民
（だんじょきょうどうさんかくしゃかい　しみん）

発行日	2012年9月24日　初版第1刷
著者	藤原 千賀（ふじわら ちか）
発行	武蔵野大学出版会 〒202-8585 東京都西東京市新町1-1-20 武蔵野大学構内 Tel. 042-468-3003　Fax. 042-468-3004
組版	株式会社アズディップ
印刷・製本	モリモト印刷株式会社
装丁・本文デザイン	堀　博
編集協力	朝　浩之

©Chika Fujiwara 2012
Printed in Japan
ISBN978-4-903281-22-3

武蔵野大学出版会ホームページ
http://www.musashino-u.ac.jp/shuppan/